„Der letzte Schritt der Vernunft ist, anzuerkennen, dass unendlich viel über sie hinausgeht."

*Blaise Pascal (1623-62),
frz. Mathematiker u. Philosoph*

TRAUNER VERLAG
UNIVERSITÄT

ARNDT TRAINDL

Neuromarketing

Die innovative Visualisierung von Emotionen

Impressum

ARNDT TRAINDL

Neuromarketing
Die innovative Visualisierung
von Emotionen

3. Auflage, 2007
© 2007 by Arndt Traindl
retail branding AG,
Tigergasse 7, A 1080 Wien
Hauptplatz 26, A 3300 Amstetten
arndt.traindl@retailbranding.at
www.retailbranding.at
Redaktion und Gestaltung: Roland Jenny

Das Werk und seine Teile sind urheberrechtlich geschützt. Jede Verwertung in anderen als den gesetzlich zugelassenen Fällen bedarf deshalb der vorherigen schriftlichen Einwilligung des Autors.

Gesamtherstellung:
TRAUNER Druck GmbH & Co KG,
A 4020 Linz, Köglstraße 14

ISBN 978-3-85499-234-9
www.trauner.at

Inhaltsverzeichnis

Vorwort 6

Kapitel I – Einführung 9
    Neuromarketing – Mit Neuronen zu Millionen 10

Kapitel II – Grundlagenforschung Neuromarketing 27
    Neuromagnetic-Studie 28
    Studie Geruch- und Bildwahrnehmung 42
    EEG-Studie Farbwahrnehmung 49
    Studie periphere Wahrnehmung 59

Kapitel III – Praxisorientierte Studien 69
    Einfluss von Hintergrundemotionen auf
    das Preisempfinden 70
    Beeinflussbarkeit der Konsumenten am POS durch
    gezielten Einsatz von Emotionen bei der Gestaltung
    von Preisschildern 74
    Die Wirkung eines emotional aufgeladenen Bildes am
    Point of Sale auf das Kaufverhalten 78
    LESS IS MORE – Die Erfolgsformel im Einzelhandel 85

Kapitel IV – Sechs zukunftsweisende
Store branding-Ideen für den Praktiker 95
    Das Schuhfachgeschäft 97
    Der Convenience Store 101
    Das Sport-Eventhaus 105
    Der Drogerie-Fachdiskont 108
    Der Textil-Harddiskonter 112
    Der Elektro-Fachmarkt 116

Schlussbemerkung 120

Literaturverzeichnis 124

Vorwort

Wie können wir jemals in die geheimnisvolle Tiefe des Konsumverhaltens vordringen, wenn wir stets an der wissenschaftsmethodischen Hürde des Black-Box-Problems scheitern. Im Streben, dieses Dilemma zu überwinden, haben wir vor Jahren als erstes Beratungs- und Marktforschungsunternehmen begonnen, das traditionelle Marketingwissen mit dem revolutionären Erkenntnisfortschritt der modernen Hirnforschung zu verbinden. Aus dieser Idee heraus haben wir eine neue Disziplin aus der Taufe gehoben und ihr den Namen Neuromarketing gegeben. Nach anfänglicher Skepsis weckt dieser interdisziplinäre Ansatz nun weltweit das Interesse jener Menschen, die versuchen, durch kreative Strategien ihre Botschaften bzw. Produkte in den Fokus der selektiven Kundenwahrnehmung zu bringen. Neuromarketing eröffnet uns vor allem ein neues Verständnis über die Bedeutung der unbewusst ablaufenden Gehirnvorgänge, die stets groß und mächtig auf unsere Vernunftsprozesse wirken. Wir sind somit dem Wunsch vieler unserer Kunden gefolgt und haben uns neben unserer hauptberuflichen Tätigkeit gerne der Mühe unterzogen, unsere Theorieansätze und Forschungsarbeiten in kurzer und einfacher Form zu dokumentieren. Zu Beginn stellen wir unsere Grundansatzüberlegungen zu Neuromarketing vor und präsentieren im Anschluss unsere Basisstudien, die in Kooperation mit dem Ludwig Boltzmann-Institut für funktionelle Hirntopographie, Wien, entstanden sind. Zum besseren Verständnis für die Alltagstauglichkeit von Neuromarketing berichten wir auch über Wahrnehmungsstudien, die sich vor allem mit dem Aspekt der emotionalen Beeinflussung am Point of Sale (POS) beschäftigen. Weiters berichten wir in dieser 3. Auflage über 6 praxisrelevante store branding-Konzepte, die nach unseren neuesten Neuromarketing-Erkenntnissen ausgerichtet wurden. Diese 6 Konzepte wurden in der Praxis getestet und haben allesamt mit Bravour bestanden. Aufgrund ihrer speziellen Attraktivität und Bedeutung für den Retailer (Einzelhändler) wurden diese 6 POS-Beispiele detailgetreu am Stand der Umdasch Shopfitting Group, auf der EuroShop 2005 in Düsseldorf, den Besuchern präsentiert. Mit diesem Buch verfolgen wir nicht das ehrgeizige Ziel, in der Welt der wissenschaftlichen Literatur Maßstäbe zu setzen. Wir beabsichtigen vielmehr, innovativen Führungskräften aus dem Einzelhandel Mut zu machen, in ihren Marketingentscheidungen künftig mehr darauf zu vertrauen, worauf die Evolution seit Millionen von Jahren baut: Die Macht der Emotionen.

Danksagung

Das Wissen im Bereich von Neuromarketing ist neben unserer Forschungstätigkeit letztlich auch durch den Wissenstransfer innerhalb unserer Mitarbeiter entstanden. Ohne die praktische und erfolgreiche Anwendung von Neuromarketing bei konkreten store branding-Projekten hätten unsere Überlegungen bloßen theoretischen Wert. Besonderen Dank möchte ich meinem Kollegen Herrn Roland P. Jenny aussprechen, denn ohne seine intensive Mitarbeit hätte dieses Buch so nicht entstehen können. Für die graphische Unterstützung möchte ich auch Frau Sandra Schuller ganz persönlich danken.

Abschließend sei mir auch gestattet, meinen lieben Vater zu erwähnen, der sich sehr darauf gefreut hätte dieses Buch zu lesen. Seiner Vorfreude mit aller Kraft folgend, war es mir dennoch nicht möglich ihm diesen Wunsch noch zu erfüllen. Zu plötzlich verstarb er, kurz bevor die 1. Auflage von „Neuromarketing" die Druckerpresse verließ.

Juni 2007 Arndt Traindl
           CEO
           retail branding AG

KAPITEL I
EINFÜHRUNG

Neuromarketing –
Mit Neuronen zu Millionen

Kapitel I – Einführung

Neuromarketing
Mit Neuronen zu Millionen

Gliederung
I. Warum die Märkte Trauer tragen
II. Die Black Box öffnet ihre Tür
III. Ohne Emotion keine Wahrheit
IV. Auf Basis der Motive werden Emotionen logisch
V. Unsere Studienreisen durchs Gehirn
VI. Emotion is Global – Ratio is Local

I. Warum die Märkte Trauer tragen

Nicht alle Wege führen aus der Krise. Immer dann, wenn Deutschland zu sich kommen möchte, gerät es außer sich. Schuld natürlich sind die Kunden. Am Ballermann 6 zwar außer Rand und Band, beim Shopping aber cool und smart. Da ein Schnäppchen, dort ein Schnäppchen. Und was ist die Antwort des Handels als Ultima ratio: Geiz ist geil! Der bescheidene Höhepunkt am kurzen Ende: Nichts mehr kaufen, aber mit 100 % Rabatt bezahlen.

Doch halt – billige Polemik hilft uns nicht wirklich weiter. Wirtschaftsflaute, Arbeitslosigkeit, Pensionsreform, Hartz IV und dann noch weltweiter Terror sind Fakten und bilden genau jenen Nährboden, auf dem das Sparen ins Kraut schießt. Angst ist im Markt. Nicht nur beim Kunden, auch der Händler zittert mit. Weil er nur glaubt, was er sieht, tut er genau das, was alle tun: Preismarketing. Die Spirale dreht sich unaufhörlich weiter. Die volkswirtschaftlichen Dämme beginnen zu brechen. Auf welchem Irrtum baut diese unheilvolle Entwicklung auf, in die sich alle immer mehr verstricken, auch wenn es jeder Einzelne bitter beklagt. Der wahre Grund hat einen Namen –

Homo oeconomicus („der von der Ratio Gesalbte, der nur nach Nutzen- und Gewinnstrebende, der Berechnende"). Er hat sich als Konsumikone und Handlungsmaxime unausrottbar in die Köpfe der Manager eingenistet. Solange er dort thront, wird man dem Mythos Preismarketing weiterhin huldigen. Als wäre der Mensch auf einen solch einfachen Ursache-/Wirkungszusammenhang wie Preis und Umsatz reduzierbar.

Wir haben ein völlig falsches Bild vom Menschen. Das von christlichen Werten und griechischer Philosophie geprägte Abendland hat der menschlichen Vernunft, der Ratio, einen großen Tempel gebaut, die Emotionen aber fanden darin keinen Platz. Noch heute hinkt dieses isolierte Wesen den meisten unserer bewusst gefällten Entscheidungen hinterher. Emotionen gelten in unserer Kultur als triebhaft, animalisch und als Überbleibsel der Evolution. Sie sind nicht Liebkind der Wissenschaft und haben daher in wirtschaftlichen Belangen schon gar nichts verloren. Sie stören, weil wir sie nicht berechnen können. Sie sind uns fremd. Wenn der Einzelhandel aber nicht bald beginnt, sich mit ihnen zu verbünden, wird ihm kein Wind mehr in die Segel blasen. Nicht Preiskompetenz befruchtet öde Märkte, sondern emotionale Intelligenz. Die Krise begann deshalb im Kopf, weil wir zu wenig über ihn und sein Innenleben (das Gehirn) wussten.

II. Die Black Box öffnet ihre Tür

Angesichts des revolutionären Erkenntnisfortschrittes der modernen Hirnforschung ist es höchst notwendig geworden, sich als Wirtschaftstreibender damit intensiver auseinander zusetzen. Wir sind als Consulting-Unternehmen, spezialisiert auf store branding-Fragen, diesen Weg schon vor Jahren gegangen und haben in der Folge das Neuromarketing begründet. Für uns hat sich ein Paradigmenwechsel vollzogen und ein neues Bild vom Menschen und seinem Verhalten erschlossen. Nicht umsonst werden die Entdeckungen der Neurowissenschaften als die vierte große Kränkung der Menschheit bezeichnet (für die ersten drei haben schon Kopernikus, Darwin und Freud gesorgt). Nicht mehr die Ratio ist die bestimmende Größe des menschlichen Verhaltens, sondern emotionale Prozesse in stammesgeschichtlich alten Bereichen der Gehirnstruktur dominieren darüber, was und wie wir unsere Umwelt bewusst erleben.

Es gilt heute als unerschütterliches Resultat der Gehirnforschung, dass unser Bewusstsein von vorbewusst ablaufenden neuronalen Aktivitäten in hohem Maße beeinflusst ist. Bildgebenden Verfahren über die Reizverarbeitung im Gehirn ist es zu verdanken, dass wir heute immer genauere Einblicke über neuronale Prozesse und den damit verbundenen kognitiven bzw. emotionalen Leistungen gewinnen. Die Black Box öffnet ihre Tür und Gedankengänge zeigen ihre erste Gestalt. Alles an mentalen Prozessen ist auf dem materiellen Substrat von neuronalen Netzwerken gebaut, die auf Basis biochemischer bzw. biophysikalischer Vorgänge miteinander kommunizieren. Nichts ist stofflos oder metaphysisch. Der Leib-Seele-Dualismus ist Fiktion. R. Descartes irrt. Nicht „Ich denke also bin ich." müsste es heißen, sondern wie A. Damasio (führender Neurologe an der Universität in Iowa, USA) es umformulierte: Ich fühle, also bin ich. Unsere großen Forschungsbemühungen im Bereich Neuromarketing beziehen sich vor allem auf die Aspekte der visuellen Wahrnehmung, zumal der Sehsinn am POS sicher die wichtigste Rolle dabei spielt, die jeweilige Umwelt aktiv zu erfassen. Um hierzu ein besseres Verständnis entwickeln zu können, versuche ich Ihnen einen sehr vereinfachten punktuellen Einblick über die Faszination Gehirnforschung zu vermitteln. Der Leseweg ist manchmal aufgrund der inhaltlichen Verkürzung in der Darstellung hochkomplexer Sachverhalte sicherlich steinig und holprig, leicht habe ich es mir dennoch nicht gemacht.

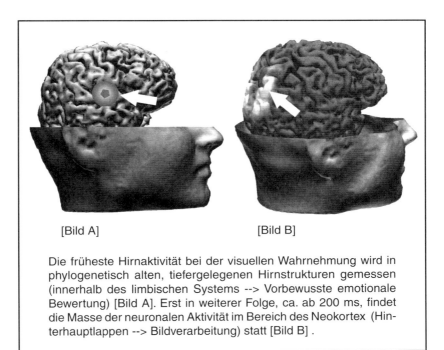

[Bild A] [Bild B]

Die früheste Hirnaktivität bei der visuellen Wahrnehmung wird in phylogenetisch alten, tiefergelegenen Hirnstrukturen gemessen (innerhalb des limbischen Systems --> Vorbewusste emotionale Bewertung) [Bild A]. Erst in weiterer Folge, ca. ab 200 ms, findet die Masse der neuronalen Aktivität im Bereich des Neokortex (Hinterhauptlappen --> Bildverarbeitung) statt [Bild B].

Abb. 1. Reizverarbeitung im Gehirn (vgl. Traindl/Jenny, Neuromagnetic-Studie)

III. Ohne Emotion keine Wahrheit

Der größte Verdienst, den sich die moderne Hirnforschung erworben hat, ist ihrem Bemühen zu verdanken, die menschliche Seele von ideologischer Behaftung und vernunftbezogener Souveränität zu befreien. Wenn wir uns nur alleine vergegenwärtigen, dass die genetischen Grundlagen von höheren Primaten (z.B. Schimpansen) mit denen des Menschen zu ca. 98,6 % fast identisch sind, rüttelt dies gehörig am Fundament unseres bisherigen Selbstverständnisses. Auf der anderen Seite eröffnet es uns aber auch die Chance, über die emotionalen („instinkthaften") Einflüsse auf unser gesamtes Leben unverkrampfter nachzudenken. Aus anthropologischer Sicht sind wir dem Tier auch im Sinne der jeweiligen Gehirnfunktionen wesentlich näher, als wir uns dem fiktiven Verhalten des Homo oeconomicus jemals nähern werden.

All unsere psychischen Vorgänge durchlaufen unbewusste Verarbeitungsebenen im Gehirn, auf die wir willentlich keinen Einfluss nehmen können, bevor sie erst die Schwelle zum Bewusstsein (zu unserem eigentlichen Ich) übertreten. Wenn wir also unsere Umwelt wahrnehmen, indem wir sie mit unseren sensorischen Apparaten physikalisch auf allen Sinnesebenen abtasten, braucht der von außen in unser Gehirn eintauchende Reiz zwischen 200 und 500 ms, bis wir ihn als Bild, Ton, Druck, Duft bewusst erleben.

Was ist damit in den ersten 500 ms geschehen (nach den Gesetzen der Quantenmechanik eine Ewigkeit) und wer hat gar das Bild von unserer Wahrheit ohne unseres Wissens nochmals zuvor gerade gerückt? Haben wir wirklich das gesehen, was auch wirklich draußen (d.h. außerhalb des Gehirns) geschah? Auch im Zuge von Bewegungsausübung beginnt sich das hierzu notwendige Bereitschaftspotential (vgl. B. Libet) in dem motorischen Hirnrindenbereich schon bis zu eine Sekunde (!) vor dem bewusst gewordenen Handlungsentschluss aufzubauen. Das Gefühl bzw. Wissen, aktiv werden zu wollen, kommt offenbar erst dann, wenn die entsprechende Handlung neurophysiologisch eingeleitet wurde. Wie auch immer, unser Ich-Bewusstsein ist immer ein wenig später dran. Das bisherige Konzept vom freien Willen ist so kaum noch haltbar. Dennoch entspringt der Willensakt nicht dem heiteren Zufall. Zunächst durchstreifen äußere und innere Reize (z.B. Gedanken) ihre neuronalen Pfade, von deren Aktivität wir anfangs nicht das geringste mitbekommen. Dynamische Netzwerke sorgen aber während des gesamten Prozesses dafür, dass das, was wir in unmittelbarer Folge tun, und von dem wir auch Bewusstsein erlangen, stets im Einklang mit unseren genetischen Anlagen und unseren individuell gewonnenen Erfahrungen steht. Dem freien Willen kommt in seiner Ursprünglichkeit, so führende Neurowissenschaftler, bestenfalls noch ein Vetorecht zu, eine eingeleitete Handlung noch zu korrigieren bzw. zu stoppen. Ein vielleicht evolutionärer Vorteil des Bewusstseins im Kampf mit Systemen, die sich ausschließlich auf unbewusstes, emotionales Verhalten beschränken müssen.

Ohne die Bedeutung von Bewusstseinsprozessen zu schmälern (sind doch gerade wir als der Homo sapiens in höchstem Maße davon gesegnet), wirken auf uns die Emotionen aber nach wie vor groß und mächtig. Emotionen sind auf neuronaler Basis ablaufende Reiz-Reaktionsbündel, die kurzfristig zu körperlichen Erregungszuständen führen und die uns am Ende des gesamten Prozesses als „Gefühl" bewusst werden. Sie bilden das stammesgeschichtliche und persönliche Erfahrungsgedächtnis ab, das uns automatisch und vorbewusst helfen soll, im Sinne der evolutionären Funktion immer das Richtige zu tun (d.h. die Lustquelle zu suchen und den Gefahrenherd zu meiden). Sie verkörpern im besten Sinne des Wortes die von uns erlebten Wertesysteme und sind laut A. Damasio untrennbar mit der Idee von Gut und Böse verbunden. Sie greifen über vielfältige neuronale Rückkoppelungen interaktiv auf unsere kognitiven Prozesse ein und beeinflussen so unser erlebtes Verhalten nachhaltig. Eine Emotion führt immer zu einer Bewegung und ist somit Urgrund jeder Handlung.

Aus hirnanatomischer Sicht kann das Zentrum der emotionalen Verarbeitung mit dem Konzept des Limbischen Systems beschrieben werden. Das Limbische System ist eine hochkomplexe Ansammlung von stammesgeschichtlich alten Gehirnstrukturen und breitet sich ringförmig unterhalb der Großhirnrinde (Neocortex) aus. Eine Schlüsselrolle innerhalb dieses Systems nimmt die Amygdala ein, indem sie nahezu alle Angstzustände des Menschen wie auch die der Säugetiere steuert. Als System bezeichnet man es auch deshalb, weil es jene Verhaltensprogramme verankert, die sich in Millionen Jahren fortwährender Evolution als erfolgreich erwiesen haben.

Interessant in diesem Zusammenhang erscheint auch die Tatsache, dass vom Limbischen System deutlich mehr Nervenbahnen zum Neokortex (Ort für Bewusstseinsprozesse, d.h. Planen, Denken, Analysieren, Lernen, Entscheiden, ...) führen als in umgekehrter Richtung. Ein neurobiologischer Hinweis mehr, um zu erkennen, wie die wahren „Befehlswege" im Gehirn laufen. Der Chef sitzt unten, von oben kann bestenfalls noch interveniert werden. Ein Satiriker würde es wohl so formulieren: Der Mensch ist eine limbische Persönlichkeit, die sich ab und zu von ihrer Großhirnrinde beraten lässt.

Für die Verursachung emotionaler Reaktionen spielen biochemische Prozesse im Gehirn eine große Rolle. So übernehmen hormonelle Substanzen und vor allem Neurotransmitter (das sind jene molekularen Überträgerstoffe, die Information von Zelle zu Zelle weitergeben) neben der Hauptfunktion der Signalübertragung auch die Aufgabe, gemäß der jeweiligen Ausgangssituation blitzartig die richtige Emotionsart zu entwickeln. Wieder mehr beispielhaft als wirklich wissenschaftlich vollständig könnte man die Bedeutung von Adrenalin bei Wutausbrüchen erwähnen, Oxytocin bei Bindungsgefühlen, Dopamin bei Freude am Lernen, Serotonin bei Angstzuständen etc. Die gesamten Rezepturen für die Bioküche des gewünschten Verhaltens sind noch lange nicht geschrieben und werden in dieser umfassenden Forderung wohl auch immer Fiktion bleiben. Was aber mittels „Neurochemie" schon alles möglich ist, erstaunt und erschreckt zugleich.

Schade, dass es da den ultimativen Liebestrank noch nicht gibt. Auch wenn wir immer öfters von den Feromonen (Sexuallockstoffe, auf die sich das Riechhirn spezialisiert hat) als Parfumbeigaben hören, funktionieren sie nur wirklich verlässlich bei Tieren. Gerade hier dürfte es bei uns Menschen vermutlich zu viele kognitive Überlagerungen geben. Der Fortschritt der Evolution hat seinen Preis.

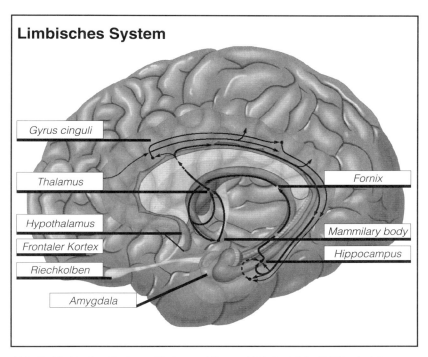

Abb. 2. Limbisches System – Kortex und Kerngebiete (vgl. http://cti.itc.virginia. edu/~psyc220/kalat/JK362.fig12.4.limbic_system.jpg, 2004)

Im Folgenden möchte ich nun unseren modelltheoretischen Ansatz von Neuromarketing darstellen. Er verfolgt im Wesentlichen das Ziel, angesichts gesättigter und zugleich verunsicherter Konsumenten, POS-Strategien zu entwickeln, die wieder automatisch in den Fokus der selektiven Kundenwahrnehmung geraten und Begehrlichkeit auslösen. Unsere gesamten Grundüberlegungen dazu beziehen sich neben unseren jahrelangen Marketingerfahrungen im Einzelhandel vor allem auf die allgemeinen Erkenntnisse der Neurowissenschaften als auch auf unsere eigenen durchgeführten neurophysiologischen Forschungsarbeiten. In einfacher Form dargestellt bedeutet dies folgendes: Der Mensch nimmt die visuellen Umweltreize (elektromagnetische Wellen) nur selektiv wahr. Er übersetzt sie an der Pforte der

Sinnesorgane durch biophysikalische und biochemische Prozesse in die Sprache des Gehirns (Transduktion). Der damit ausgelöste Wahrnehmungsvorgang beginnt zuerst unspürbar auf unbewusster Ebene zu wirken, bevor er in unserem Bewusstsein als konkretes Bild endet. Die wichtige Selektion und Bewertung von eingehenden visuellen Reizen wird im Wesentlichen durch unsere emotionalen Systeme mit Sitz im Limbischen System bestimmt. Der Mensch nimmt somit bewusst vornehmlich nur das wahr, was emotional im Sinne von Lust-/Schmerzprinzip für ihn am meisten Sinn macht. Das emotionale Bewertungssystem, das auch darüber entscheidet, wie wir etwas wahrnehmen (positiv oder negativ), baut auf der jeweiligen Motivstruktur des Menschen auf.

IV. Auf Basis der Motive werden Emotionen logisch

Die Motivstruktur ist genetisch vorherbestimmt (stammesgeschichtliches Erbe unserer lebensnotwendigen Bedürfnisfunktionen, die als gerichtete Antriebskräfte wirken) und wird durch die konkrete Lebensgeschichte (kulturelle Prägung und Lernen) individuell ausgeformt. Die Motivstruktur umfasst in ihrem kleinsten gemeinsamen Nenner vier Hauptkategorien (Basismotive): das Sicherheitsmotiv, das Sozialmotiv, das Alphamotiv (Leistungs- u. Dominanzmotiv) und das Entdeckermotiv. Wir konnten durch verschiedene Studien nachweisen, dass sich Menschen bzw. Gruppen von Menschen (Zielgruppen) in ihrer Motivstruktur, d.h. Ausprägungsspitzen von Motiven, klar voneinander unterscheiden.

So zeigen sich Typologien, die besonders im Bereich Sozialmotiv entwickelt sind, d.h. über hohe empathische Kräfte und Bindungsgefühle verfügen. Bei einer kleineren Gruppe von Menschen können deutliche Alphaausprägungen, wie starker Führungsanspruch nachgewiesen werden. Hier sei erwähnt, dass Menschen mit hohem Dominanz- und Leistungsstreben nachweisbar über einen höheren Testosteronspiegel verfügen als der Durchschnittsbürger. Im Gegensatz zum Draufgänger besitzen viele Menschen eine hohe Sicherheitsorientierung (tendenziell Frauen und ältere Menschen, d.h. auch so etwas wie ein vererbbares Angstgen konnte im Zuge neurowissenschaftlicher Studien gefunden werden). Beim Entdeckermotiv ist ein signifikanter Zusammenhang mit dem Lebensalter feststellbar. Die hohe Ausprägung bei Kindern bzw. jüngeren Menschen muss in Verbindung mit dem lebensnotwendigen Lernen gesehen werden, d.h. der angeborene Spieltrieb und die Neugier entsprechen dem Wesen des Kindes.

Die motivationale Vielfalt der Menschen ist die Grundlage für das Funktionieren von Gruppen, Organisationen und Gesellschaften. Interessant für das Marketing aber ist vor allem der evidente Einfluss der individuellen Motivstruktur bzw. –Ausprägung auf die

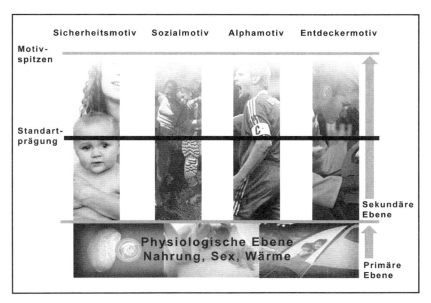

Abb. 3. Die Motivstruktur (vgl. Traindl, Jenny, Neuromarketingvortrag, 2002)

Unterschiedlichkeit der jeweiligen emotionalen Reaktionen bei gleicher Reizeinwirkung. Was für einen Entdecker höchste Lust bedeuten kann, ist im selben Moment für einen Sicherheitsmenschen großer Schmerz (z.B. Angst vor dem Neuen bzw. Unbekannten). Während ein Alphatier höchst positiv erregt einen Gegner bezwingen kann, leidet der Sozialmensch mit dem Opfer mit. Im Licht dieser Erkenntnisse überwinden wir heute spielend die früher oft gestellte Frage, warum reagieren Menschen am gleichen Ort und zur gleichen Zeit mitunter so diametral. Die Antwort finden wir eben in der spezifischen Motivstruktur des Menschen, die die Art und Weise konfiguriert, wie emotionale Systeme auf Umweltreize reagieren. Die Motivstruktur entscheidet mit, was wir von der Umwelt bewusst wahrnehmen und wie wir es gefühlsmäßig erleben. Auf den POS übersetzt heißt dies, der eine nimmt ein Warenbild, d.h. eine Warenpräsentation an der Wand wahr und entwickelt positives Interesse, der andere wendet sich gelangweilt ab. Ein Dritter hat es vermutlich gar nicht bemerkt. Alle drei „Köpfe" standen aber am gleichen Platz davor.

V. Unsere Studienreisen durchs Gehirn

In Zusammenarbeit mit Neurowissenschaftlern des Ludwig Boltzmann-Instituts in Wien haben wir schon vor einigen Jahren begonnen, marketingrelevante Aspekte bezüglich visueller und olfaktorischer Wahrnehmung neurophysiologisch zu untersuchen. Mit unserer Neuromagnetic-Studie Anfang 2001 (vgl. Traindl A., Jenny R., Neuromagnetic-Studie, 2002) haben wir die jeweiligen Gehirnaktivitäten bei der visuellen Wahrnehmung von unterschiedlichen Warenbildstrategien gemessen, die sich nach sachlicher (d.h. nur auf die Ware bezogen) und nach emotionaler (Warenpräsentation in Verbindung mit emotionalen Fotokonzepten) Darstellung unterschieden. Wir überprüften somit den Einfluss emotionaler Bildinhalte auf das Wahrnehmungs-, Lern- und Entscheidungsverhalten. Dieser Untersuchungsansatz wurde weltweit erstmalig in dieser umfassenden Form durchgeführt. Die Ergebnisse waren eindrucksvoll.

Die deutlich höhere neuronale Aktivität, die bei der visuellen Wahrnehmung von emotionalen Bildinhalten gemessen werden konnte, bietet für das store branding einen überragenden Vorteil.
Die Emotionen helfen nicht nur besser wahrzunehmen, sondern auch effektiver zu lernen. Und zwar in der Form, wie es aus bisherigen Tierversuchen bekannt ist, dass erhöhte neuronale Aktivität letztlich auch zu einer vermehrten Aussprossung der synaptischen Endungen führen kann (die Synapse ist die Verbindungsstelle von einem Neuron zum anderen und für die auf chemischem Wege erfolgende Informationsverarbeitung von zentraler Bedeutung). Dies hat zur Folge, dass sich dadurch das Synapsengewicht (Maßzahl für die Stärke der synaptischen Übertragung) erhöht. Mit höherem Synapsengewicht kann eine bessere Informationsübertragung gewährleistet und dadurch der Informationsgehalt besser behalten werden (Lernerfolg). Das strategische Ziel von store branding muss es wohl sein, Botschaften so aufzubereiten, dass sie zunächst durch den Filter der selektiven Wahrnehmung dringen und in Folge im neuronalen Netzwerk durch eine bessere Informationsübertragung leichter repräsentiert werden können. Läden voller Emotionen sind die hohe Schule des Konsums. Wer sich nur auf Preisbotschaften (Diskonter) konzentriert, befriedigt allein das Sicherheitsmotiv der „Verängstigten", alle anderen Motivstrukturen leiden bittere Not und bleiben als limbische Persönlichkeit verloren.

Ebenso war das Entscheidungsverhalten der Probanden bei emotionaler Aufladung deutlich gerichteter und schneller. Das ist das, was der Einzelhandel am POS will. Kunden, die gegenüber der Produktbotschaft Aufmerksamkeit entwickeln und sich entscheiden können. Der „worst case" ist der Kunde, der nichts sieht und nicht weiß, was er will. Auch der motivstrukturelle Zielgruppenansatz konnte aufgrund

Kapitel I – Einführung

Je höher die emotionale Aufladung der Warenbildgestaltung – desto signifikant höher die neuronale Aktivität.
Durchgehend über alle Untersuchungscluster wurde festgestellt, dass Warenbilder mit emotionaler Aufladung in Form von Motivfotos deutlich stärkere neuronale Aktivitäten auslösten, als Warenbilder, welche nur Produkte zeigten.
Die angeführte Grafik zeigt ein Beispiel der Ausschläge bei allen Probanden zum Thema Living-Baby emotional und zum Thema Living-Kontrolle (wobei Kontrolle die Wand ohne emotional aufgeladenes Bild darstellt). Das Aktivierungsmaß stellt die gemittelte neuronale Aktivität dar.

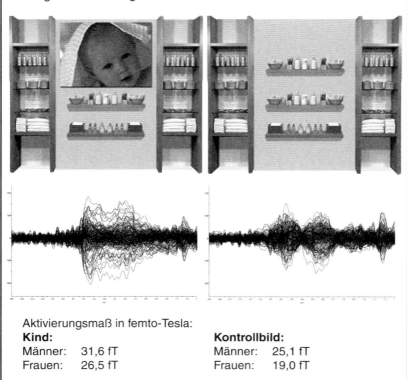

Aktivierungsmaß in femto-Tesla:
Kind:
Männer: 31,6 fT
Frauen: 26,5 fT

Kontrollbild:
Männer: 25,1 fT
Frauen: 19,0 fT

Abb. 4. Messung neuronaler Aktivität bei visuellen Reizen (vgl. Traindl/Jenny, Neuromagnetic-Studie, 2002)

signifikant unterschiedlicher Neuronenaktivität empirisch klar nachgewiesen werden, d.h. jede Motivstruktur sucht ihre präferierten emotionalen Bildbotschaften. Zusammenfassend kann man hier in simpler Form festhalten, dass wir sowohl für gerichtete Aufmerksamkeit als auch für das damit verbundene Lernen neuronale Aktivierung brauchen, um etwas in Gang zu setzen. Mit Neuronen zu Millionen.

Im Zuge einer weiteren neurowissenschaftlichen Untersuchung (vgl. Traindl, A., Jenny, R., Geruchsstudie, 2002) haben wir auch den olfaktorischen Einfluss auf emotionale Bilderfassung gemessen. Hier zeigt sich, wie differenziert und komplex Gerüche in unserem Nervensystem aufgehoben sind. Für klare Empfehlungen bezüglich Geruchsdesign ist es aufgrund der bisherigen empirischen Ergebnisse noch zu früh. Nur eines hat sich klar gezeigt. Das Gehirn vergleicht emotionales Geruchsgedächtnis mit emotionalem Bildgedächtnis. Passt es zusammen erfolgt eine positive Gesamtverstärkung (z.B. Backwaren und der Geruch von frischen Semmeln). Widersprechen sich Geruch und Bild führt es zur „miss-match" Reaktion, d.h. uns stößt unbewusst die Gesamtsituation ab (Flucht- und Vermeidungsreaktion). Wer nun glaubt, einen schlechten Laden mit guten Gerüchen aufmöbeln zu können, löst vermutlich den gegenteilig gewünschten Effekt aus.

Viele weitere praxisrelevante POS-Studien haben den richtigen Weg von Neuromarketing überzeugend bestätigt. So konnte mit Hilfe eines zielgruppengerechten, d.h. motivlogischen Fotokonzeptes am POS, die Frequenz um bis zu 100% erhöht und der Umsatz um ca. 20 % gesteigert werden (vgl. Traindl A., Jenny R., Mexx-Studie, 2002). Selbst die Darstellung von emotionalen Reizen auf Preisetiketten (vgl. Traindl A., Jenny R., Voura A., Smiley-Effekt, 2004) konnte verblüffende Veränderungen der Preiswahrnehmung hervorrufen. Durch die gezielte Veränderung der Hintergrundstimmung bei Kunden am POS und durch den Einsatz von emotional gestalteten Fotokonzepten konnte gemessen werden, dass sich nicht nur ihre Kaufbereitschaft signifikant höher entwickelte, sondern im Zuge einer standardisierten Befragung wurde sogar die allgemeine Wirtschaftssituation und das persönliche private Umfeld wesentlich optimistischer beurteilt. Positive emotionale Reize verändern unser gesamtes Wahrnehmungsverhalten. Plötzlich sehen wir die Umgebung himmelblau, wo vorher noch dunkle Wolken zogen. Emotionen verändern auf neurobiologischem Wege Bereiche unseres Stoffwechsels und Hormonhaushalts, was wiederum unser gesamtes Wahrnehmungs- und Entscheidungsverhalten massiv beeinflusst. Wir sind nicht neutral bzw. objektiv, sondern in unseren Beurteilungen zumeist stimmungskongruent.

VI. Emotion is Global – Ratio is Local

Wie sich der Kunde am POS fühlt und verhalten soll, ist immer eine Frage der richtigen emotionalen Inszenierung. Wesentliche Voraussetzung dazu ist, die Motivstruktur der Zielgruppe zu kennen. Wir haben in den letzten 2 Jahren die Motivstruktur von Menschen nahezu auf der ganzen Welt gemessen. Da sich die Motivstruktur auch als globales stammesgeschichtliches Erbe versteht, überrascht es nicht besonders, dass sich die jeweiligen Länderergebnisse über verschiedene Kontinente hinweg im Sinne einer Strukturauswertung nicht sehr voneinander unterscheiden. Motivsysteme sind globale Systeme. Ein nicht unbedeutender Hinweis darauf, warum sich globale Marken weltweit so erfolgreich und rasant ausbreiten können, wenn sie klare emotionale Botschaften vermitteln. „Kopfmarken" hingegen können Kultur- und Sprachgrenzen kaum überwinden und sind auf Heimmärkte beschränkt. Emotion is global, ratio is local.

Neuromarketing bedeutet weiters, Sortimentsgeschichten am POS zu entwickeln, die nicht primär auf Bedarf ausgerichtet sind (Produktgruppendarstellung am POS), sondern die emotional unter die Haut gehen (Themendarstellung am POS). Selbst dieser Effekt konnte von uns neurophysiologisch nachgewiesen werden. Sehr wirkungsvoll sind emotionale Fotokonzepte am POS, die der Motivlogik der Zielgruppe entsprechen. Sie bauen die Bühne für Kauflust und sind die großen Meister der Kundenführung. Und last but not least: Der Mensch am POS ist noch immer das Zentrum aller Sinne. Nichts was wir bisher an Fotokonzepten neurophysiologisch gemessen haben, schlägt im Sinne von Aktivierung den Anblick des Menschen. Ob nackt, lächelnd, verliebt, wie auch immer – er (der Mensch) ist als Stimmungsmacher durch nichts anderes ersetzbar. Der Verkaufsmitarbeiter am POS ist nicht Kostenfaktor, sondern richtig eingesetzt bedeutet er emotionalen Reichtum. Wie meinten schon die alten Griechen: „Nichts braucht der Mensch so sehr wie den Menschen". Dem hat auch Neuromarketing nichts mehr hinzuzufügen.

KAPITEL II
GRUNDLAGENFORSCHUNG NEUROMARKETING

Neuromagnetic-Studie

Geruchsstudie-Studie

EEG-Studie Farbwahrnehmung

Periphere Wahrnehmung

Neuromagnetic-Studie

Die Gehirnaktivitäten bei der visuellen Wahrnehmung von Warenbildern.

Ein Forschungsprojekt in Zusammenarbeit mit dem Ludwig-Boltzmann-Institut für Funktionelle Hirntopographie, Wien.

Gliederung
I. Ausgangssituation
II. Ziel der Studie
III. Theoretische Grundüberlegung
IV. Beschreibung des Untersuchungslayouts
V. Auswertung
VI. Schlussfolgerung

I. Ausgangssituation

Das heutige Einzelhandelsumfeld ist von höchster Marktsättigung geprägt. Daraus resultiert unter anderem auch ein stark nachlassendes Produktinvolvement (gerichtetes Interesse, sich über ein Produkt zu informieren) bei Konsumenten. Aus verhaltenspsychologischer Sicht ist es bei zunehmender Sättigung für das Produkt immer schwieriger, noch in den Filter der selektiven Wahrnehmung zu gelangen. Was jedoch nicht wahrgenommen wird, existiert auch nicht in den Köpfen der Kunden als potentieller Kaufwunsch. Daraus resultiert für den Einzelhandel bei einer strategischen Neupositionierung nicht mehr primär die Produktkompetenz zu schärfen, sondern vor allem die Wahrnehmungskompetenz. Erfolgreich wird also in der Zukunft jene Angebotsform sein, die objektiv nicht die höchste Kompetenz hat, sondern jene, die subjektiv am besten wahrgenommen wird. Das Marketing muss sich daher die Schlüsselfrage stellen: Wie erhöhe ich meine

Wahrnehmungsqualität? Alle bisherigen Erklärungsansätze aus geisteswissenschaftlicher Sichtweise haben sich dazu nur ungenügend weiter entwickelt. Wir haben in Folge die Zusammenarbeit mit der Naturwissenschaft (im Speziellen der Neurologie) gesucht, die einen fundamentalen Erkenntnisfortschritt im Bereich der visuellen Wahrnehmung einbringt.

II. Ziel der Studie

Ziel der Studie ist die Messung der jeweiligen Gehirnaktivität (neuromagnetische Aktivität in femto-Tesla) bei der visuellen Wahrnehmung von unterschiedlichen Warenbildstrategien, die sich nach rationaler und nach motivationaler bzw. emotionaler Darstellung unterscheiden. Es gilt somit empirisch zu überprüfen, welchen Einfluss emotionale Bildinhalte auf das Wahrnehmungs-, Lern- und Entscheidungsverhalten nehmen, während die entsprechenden Gehirnaktivitäten gemessen werden.

III. Theoretische Grundüberlegung im Bereich der visuellen Wahrnehmung aus der Sicht der Neurowissenschaften (verkürzte Darstellung)

Der Mensch nimmt Umweltreize nur selektiv wahr. Er übersetzt sie neurophysiologisch (biochemisch und bioelektrisch) in die Sprache des Gehirns und entwickelt aufgrund der dadurch ausgelösten Neuronenaktivitäten seine eigene „bewusst" erlebte Wirklichkeit von seiner Umgebung. Die Selektion von eingehenden Reizen wird von den emotionalen Bewertungssystemen mit Sitz im limbischen System durchgeführt. Der Mensch nimmt somit nur vornehmlich das wahr, was emotional für ihn am meisten Sinn macht (im Sinne von Lust-/Schmerzprinzip, Belohnungs-/Bestrafungsprinzip, Treffer/Fehler, sympathisch/nicht sympathisch). Bevor der Mensch eine Handlung bewusst in Gang setzt, baut er vorbewusst das notwendige Bereitschaftspotential (vgl. L. Deecke, 1999) in der Hirnrinde auf, das auch maßgeblich das Resultat seiner Aktion beeinflusst. Urgrund der Bewegungsentstehung ist sicher stets ein emotionaler. Emotionen (Angst, Freude, Liebe, ...) sind körperlich wahrnehmbare Gefühle (celebrale Erregungszustände), die durch äußere oder innere Reize ausgelöst werden und nur kurz andauern.

Emotionen sind evolutionär gewachsene Anpassungsleistungen (vorbewusste Reaktionsbündel, angeborene Auslöse-Mechanismen), die dazu dienen, das Überleben zu sichern bzw. zu regulieren. Alle „bewusst" erlebten Kognitionen werden vorbewusst emotional eingefärbt und dadurch bewertet. Der Motor der Vernunft ist die Emotion (vgl. A. Damasio, 2001). Die Emotionen entscheiden, wann und wie wir etwas wahrnehmen. Das individuelle emotionale Bewertungssystem baut auf der Motivstruktur des Menschen auf. Die Motivstruktur ist genetisch vorprogrammiert (Evolution), wird aber durch die jeweilige Sozialisierung konkret ausgeformt.

Daraus lässt sich aus Sicht der modernen Neurowissenschaft ein Großteil des menschlichen Verhaltens und auch der Wahrnehmung und ihrer subjektiven Konsequenzen ableiten. Dieser Erklärungsansatz ist die theoretische Basis des von uns begründeten Neuromarketing. Mit Neuromarketing verbinden wir den besonderen Erkenntnisfortschritt der modernen Hirnforschung mit dem Wissen des klassischen Marketings, um künftig Vermarktungsstrategien (store branding) zu entwickeln, die in die Poleposition der Wahrnehmung gelangen. Wenn es bisher vielleicht schon erste Ansätze von psychologischem Marketing („Psychomarketing") gegeben hat, so soll hier darüber hinausgehend die Hirnaktivität selbst als Messparameter einbezogen werden - so ist Neuromarketing zu verstehen.

IV. Beschreibung des Untersuchungslayouts

Magnetoenzephalographie (MEG) ist ein Verfahren, mit welchem neuronale Aktivität im Gehirn räumlich und zeitlichgleich gut erfasst werden kann. Gedanken im Gehirn sind mit Aktivierung verbunden, diese erzeugt elektrische Felder (Exzitatorische postsynaptische Potentiale der Neuronen), die wiederum von einem Magnetfeld begleitet sind. Mit hochempfindlichen Detektoren, sogenannten SQUIDs (Supraleitende Quanteninferenz-Detektoren) kann nachgewiesen werden, wann, wo und wie stark sich im Gehirn elektromagnetische Felder bilden. Somit ist es möglich, auch Gedanken im Gehirn zu erfassen, zu lokalisieren und ihre Charakteristika zu erforschen. Das vorgegebene Untersuchungsdesign besteht daraus, dass die Hirnaktivität von 40 Probanden (20 Frauen, 20 Männer im Alter zwischen 20 und 60 Jahren) bei der Betrachtung von 600 durchaus emotionalen getönten Warenbildern gemessen wird. Dadurch soll festgestellt werden, welche emotionalen Themen die höchsten neuromagnetischen Aktivitäten auslösen. Die Warenbilder sind gegliedert in zwei Warenbildthemen: Wäsche und Living. Innerhalb der Warenbildthemen unterscheiden sich die Warenbilder nur durch das sich in der Mitte befindende emotional aufgeladene Bild. Die Bilder sind in verschiedene Bildthemen gegliedert. Die Bündelung von

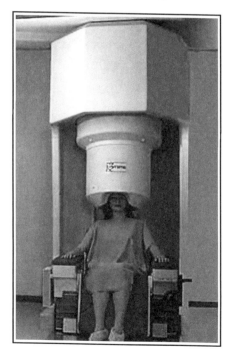

Abb. 1. Foto MEG-Labor

Themen war insofern von Bedeutung, als es für die Messung einer bestimmten Erregung 30 Bilder braucht, welche dasselbe Thema beschreiben. Dies ist für die Mittelung der Hirnaktivität notwendig, um das zu untersuchende Signal von anderen Hirnaktivitäten zu unterscheiden.

Die emotionalen Bilder sind in Themen gegliedert: Das Warenbildthema Wäsche beinhaltet die Bündel: Aggression, Erotik, Frau lacht, Frau lacht nicht, Prestige, Kontrolle, Natur.

Das Warenbildthema Living beinhaltet die Bündel: Krankheit, Familie, Freunde, Baby, Kontrolle, Leistung, Produkt, Prominenz, Entspannung.

Die Untersuchung pro Proband dauerte etwa drei Stunden. Dem unter dem Magnetoenzephalographen sitzenden Probanden wurden die Warenbilder in vier Etappen (2 Living-Durchgänge, 2 Wäsche-Durchgänge) in zufälliger Folge für eine Sekunde dargeboten und

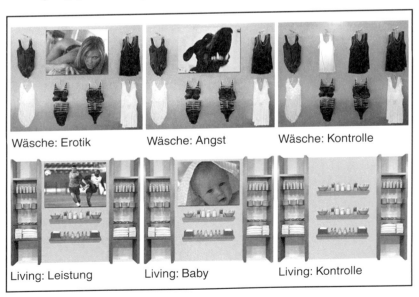

Abb. 2. Beispiele von geprüften Warenbildern, Quelle: R. Jenny

seine Hirnmagnetfelder gemessen. Zudem musste der Proband für jedes Bild mittels Tastendruck eine Bewertung durchführen, wie er von dem emotionalen Bild angesprochen wurde (positiv, negativ, neutral).

V. Auswertung des neurophysiologischen Datenmaterials aus der MEG-Messung

Wir wollen uns hier nur auf jene Auswertung bzw. Schlussfolgerungen konzentrieren, welche aufgrund der Klarheit der Analyseergebnisse in Verbindung mit theoretischen Grundlagen eine Formulierung in Form von hochwahrscheinlichen Hypothesen bzw. Aussagen erlauben:

1. Je höher die emotionale Aufladung der Warenbildgestaltung, desto signifikant höher die neuromagnetische Aktivität.

Durchgehend über alle Untersuchungscluster wurde festgestellt, dass Warenbilder mit emotionaler Aufladung in Form von Motivfotos deutlich stärkere neuronale Aktivitäten auslösten, als Warenbilder, die nur Produkte zeigten.

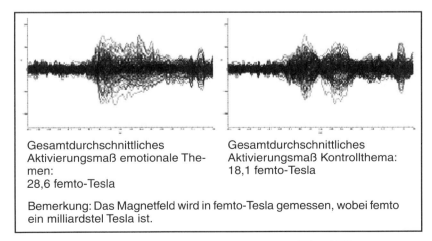

Gesamtdurchschnittliches Aktivierungsmaß emotionale Themen: 28,6 femto-Tesla	Gesamtdurchschnittliches Aktivierungsmaß Kontrollthema: 18,1 femto-Tesla
Bemerkung: Das Magnetfeld wird in femto-Tesla gemessen, wobei femto ein milliardstel Tesla ist.	

Abb. 3. Durchschnittliche Aktivierungsgrade, gemessen mit dem MEG.

Die in Abbildung 3 aufgeführten Graphiken zeigen einige Beispiele der Ausschläge bei allen Probanden zum Thema Living emotional und zum Thema Living Kontrolle (wobei Kontrolle die Wand ohne emotional aufgeladenes Bild darstellt). Das Aktivierungsmaß stellt die gemittelte neuronale Aktivität dar.

2. Je höher die neuronale Aktivität, desto höher die gerichtete Entscheidungsbereitschaft.

Alle psychologischen Antworten der Probanden bezüglich des Anmutungscharakters (positiv, neutral, negativ) des Warenbildes in Zusammenhang mit der präsentierten Ware wurden hier mit den neuronalen Aktivitäten verglichen (siehe Abbildung 4). Es ist schon mit bloßem Auge erkennbar, dass die als neutral bewerteten Bilder eine geringere Aktivität als die mit positiv bzw. negativ bewerteten aufweisen. Daraus ist abzuleiten, dass je höher die neuronale Aktivität ist, desto höher die Bereitschaft des Konsumenten, sich für oder gegen ein Produkt zu entscheiden. Geringe

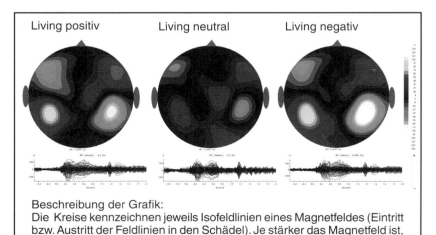

Abb. 4. Entscheidungsmustergraphik MEG

Neuronenaktivität führt zu geringerer Entscheidungsbereitschaft. Dies beweist sich sowohl beim Wäschethema wie auch beim Living Beispiel. In die Praxis umgesetzt bedeutet das, dass sich der Konsument nur mit Warenpräsentationen befasst, die für ihn emotional interessant sind. Emotional uninteressante (neutrale) Themen nimmt er unter Umständen gar nicht erst wahr. Die höhere Gehirnaktivität bei negativen Reizen beweist, dass für Menschen die Schmerzvermeidung (Überlebenstrieb) wichtiger ist, als die Lustgewinnung (positive Reize). Auch dieses Phänomen ist evolutionär begründet.

3. Signifikant unterschiedlicher Aktivierungsverlauf der Hirnaktivität (Aktivierungspotenzial) bei Mann und Frau.

Bei allen Messungen ist festzustellen, dass die Aktivierungen zwischen Männern und Frauen stark unterschiedlich ist. Während bei den Männern mit einer Latenz ca. 250 ms nach dem Reiz die Messinstrumente stark ausschlagen und danach wieder rückläufig sind,

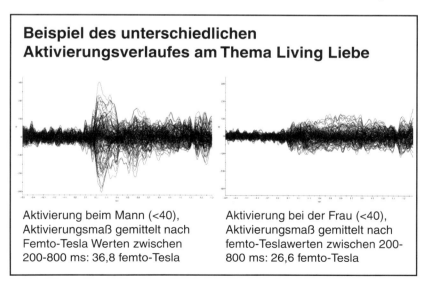

Beispiel des unterschiedlichen Aktivierungsverlaufes am Thema Living Liebe

| Aktivierung beim Mann (<40), Aktivierungsmaß gemittelt nach Femto-Tesla Werten zwischen 200-800 ms: 36,8 femto-Tesla | Aktivierung bei der Frau (<40), Aktivierungsmaß gemittelt nach femto-Teslawerten zwischen 200-800 ms: 26,6 femto-Tesla |

Abb. 5. Aktivierungsmaße MEG

ist bei den Frauen der Ausschlag wesentlich geringer und konstanter. Auch das gesamte Aktivierungsausmaß ist bei Männern deutlich höher. Dieser Unterschied ist biologisch bedingt und durch die Evolution geformt.

4. Unterschied des neuronalen Musters zwischen Mann und Frau bei der Präsentation der jeweiligen Bildmotive.

Eine detaillierte geschlechtsspezifische Auswertung der unterschiedlichen Bildthemen (hier wurde das durchschnittliche Aktivierungsausmaß je Bildmotivgruppe gemittelt nach femto-Tesla Werten zwischen 200 ms und 800 ms als Unterscheidungskriterium herangezogen) ergibt einen interessanten Einblick in die verschiedenartigen Erregungsmuster von Mann und Frau: Bildthemen, die im speziellen für Erotik, Gewalt bzw. Aggressivität und Leistung stehen, spielen im Erregungsmuster des Mannes eine große Rolle.

Abb. 6a. Beispiele für die höchsten Erregungsmuster beim Mann.

Bei den Frauen dominieren die Bildthemen Entspannung, Lachen, Freunde, Kind.

Abb. 6b. Beispiele für die höchsten Erregungsmuster bei der Frau.

Aus diesen Ergebnissen lässt sich beim Mann eine stärkere Leistungsmotivierung ableiten, hingegen bei der Frau stehen Sozialmotive im Vordergrund. Die Unterschiedlichkeit dieser Motivprägung ist ein Resultat aus Erb- und Kulturgut. Vor dem biologischen Hintergrund des Überwiegens der Androgene (männliche Geschlechtshormone) beim Mann sind diese gemessenen Erregungsmuster nicht überraschend, sondern eine plausible biologische Gegebenheit der Natur. Interessant ist nur, dass sie sich durch die modernsten Methoden der Funktionellen Hirntopographie (MEG) so genau im Gehirn selbst messen lassen.

5. **Deutlicher Unterschied der neuromagnetischen Aktivität zwischen den zwei Produktgruppen Living und Wäsche.**
Aufgrund der unterschiedlichen emotionalen Aufladung von Produkten liegt es nahe, dass Damenwäsche bei der visuellen Wahrnehmung eine deutlich höhere neuronale Aktivität auslöst, als dies bei Badeaccessoires der Fall ist (nicht nur bei Männern sondern auch bei Frauen). Je tiefer sich ein Begriff (somit auch ein Produkt) neuronal im Gedächtnis enkodiert hat, desto höher konstituiert sich vermutlich sein Aktivierungspotential. Dichte Assoziationsnetze bilden sich schließlich nur dann, wenn es emotional Sinn macht. Einfach formuliert: Allein schon der Gedanke an Damenwäsche erscheint uns reizvoller, als sich am Anblick eines Zahnputzbechers zu erfreuen.

Abb. 7. Vergleich Produktgruppe Wäsche und Living

Kapitel II – Grundlagenforschung Neuromarketing

Das gesamte durchschnittliche Aktivierungsmaß (gemittelte femto-Tesla Werte zwischen 200 und 800 ms) aller Living-Bilder ergibt 27,5. Hingegen erreicht der dazugehörige Wert bei allen Wäsche-Bildern durchschnittlich 32,5. Noch deutlicher wird die Unterscheidung beim bloßen Betrachten des Kontrollbildes Living (Aktivierungsmaß 18,1 fT) im Vergleich zum Kontrollbild Wäsche (Aktivierungsmaß 28,6 fT).

6. **Die frühesten Hirnaktivitäten bei der visuellen Wahrnehmung werden in phylogenetisch alten, tiefergelegenen Hirnstrukturen gemessen (innerhalb des Limbischen Systems -> vorbewusste emotionale Bewertung). Erst in weiterer Folge, ca. ab 200 ms, findet die Masse der neuronalen Aktivitäten im Bereich des Neokortex (Hinterhauptlappen --> Bildverarbeitung) statt.**

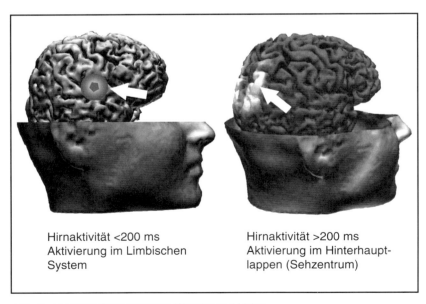

Hirnaktivität <200 ms
Aktivierung im Limbischen System

Hirnaktivität >200 ms
Aktivierung im Hinterhauptlappen (Sehzentrum)

Abb. 8. Vergleich Produktgruppe Wäsche und Living

Die in Abbildung 8 dargestellte Erkenntnis beschränkt sich nicht nur auf bestimmte Bildthemen, sondern lässt sich durchgängig bei allen Aktivierungsmustern von Bildreizen feststellen. Wir betrachten die Bilder demnach zuerst mit den evolutionär alten und für die Emotionen zuständigen Hirnregionen (Limbisches System), bevor wir beginnen, die Bilder bewusst kognitiv zu analysieren.

7. Mit zunehmendem Alter nimmt die Neuronenaktivität ab.

Der Vergleich der Neuronenaktivitäten zwischen jüngeren und älteren Personen ergab, dass bei jüngeren Personen die Neuronenaktivität höher ist. Es liegt in der Natur der Sache, dass mit zunehmendem Alter nicht nur die körperliche Fitness abnimmt, sondern wie hier auch gemessen werden konnte, die Gehirnaktivitäten nachlassen.

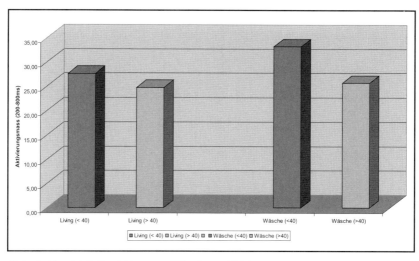

Abb. 9. Vergleich Produktgruppe Wäsche und Living

VI. Schlussfolgerungen

Der Untersuchungsverlauf der Neuromagnetic-Studie und die daraus resultierenden Ergebnisse stützen in hohem Masse die Hypothese von der besonderen Bedeutung der Emotionen auf dem Gebiet der visuellen Wahrnehmung. Es scheint nach heutigem Wissensstand als gesichert, dass das Prinzip der selektiven Wahrnehmung vom emotionalen Bewertungssystem gesteuert wird. Das Spiel der Emotionen gehorcht in der Regel der individuellen Motivlogik, die sich genetisch und kulturell geformt hat. Nichts Bedeutendes erreicht unseren Verstand, unser Bewusstsein – nichts, was nicht zuvor die Pforte der Emotionen durchlaufen musste. Die deutlich höhere neuronale Aktivität, die bei der visuellen Wahrnehmung von emotionalen Bildinhalten gemessen werden konnte, dürfte für das store branding einen segensreichen Zusatznutzen bringen. Und zwar in der Form, wie es aus bisherigen Experimenten mit Tieren bekannt ist, dass erhöhte neuronale Aktivität letztlich auch zu einer vermehrten Aussprossung der synaptischen Endungen führen kann (die Synapse ist die Verbindungsstelle von einem Neuron zum anderen und somit für die auf chemischem Wege erfolgende Informationsverarbeitung von zentraler Bedeutung). Dies hat zur Folge, dass sich dadurch die Gewichtung der Synapsen (Maßzahl für die Stärke der synaptischen Übertragung) erhöht. Mit höherer Synapsengewichtung kann eine bessere Informationsübertragung gewährleistet werden und diese besser halten (Gedächtnis). Das strategische Ziel von store branding muss es wohl sein, Botschaften so aufzubereiten, dass sie im neuronalen Netzwerk durch eine bessere Informationsübertragung leichter repräsentiert werden können. Die Emotionen helfen somit nicht nur besser wahrzunehmen, sondern auch effektiver zu lernen und zu behalten. Besonders ins Auge springend ist die unterschiedliche neuronale Aktivität bei Mann und Frau in dem Bereich des Aktivierungsverlaufes und in der Bedeutung der jeweiligen Motivorientierung. Angesichts der Klarheit dieser empirisch gesicherten Differenzen, die sich größtenteils evolutionär erklären, muss man für die marketingtechnische Sicht in Zukunft eine geschlechterspezifischere Ansprache in der Kommunikationsstrategie postulieren. Im Weiteren sollten auch die differenzierten Ergebnisse der Neuronenaktivität zwischen Living- und Wäscheprodukten im Bereich der strategischen Sortimentsgestaltung beachtet werden. Angesichts der abnehmenden Neuronenaktivität bei älteren Menschen, liegt die Vermutung nahe, dass die leisen Töne des Golden-Age-Marketings im lauten Wettbewerb des Jugendkults verloren gehen. Wenn schon die Kraft der Wahrnehmungssysteme bei zunehmendem Alter abnimmt, muss dieser Effekt durch stärkere Intensität der Kommunikation (physische, kognitive und emotionale Reize) kompensiert werden und nicht umgekehrt. Gerade im stärker werdenden Wahrnehmungswettbewerb des Einzelhandels spielt eben der emotionale Grundgehalt eines Produktes im Zuge der Sortimentstrategie-Erstellung eine immer größere Rolle. Für die Visualisierung der Sortimentsgeschichte gilt:

„Ein Bild sagt mehr als tausend Produkte."

Geruchsstudie

Die Gehirnaktivitäten bei der visuellen Wahrnehmung von emotionalen Bildreizen in Kombination mit verschiedenen Duftkonditionen

Ein Forschungsprojekt in Zusammenarbeit mit dem Ludwig-Boltzmann-Institut für Funktionelle Hirntopographie, Wien.

Gliederung
I. Ziel der Studie
II. Die biologische Bedeutung von Geruch für den Menschen
III. Der Riechvorgang
IV. Beschreibung des Untersuchungslayouts
V. Erkenntnisse aus der Geruchsstudie
VI. Schlussfolgerung

I. Ziel der Studie

Die Geruchsstudie baut auf den Erkenntnissen der Neuromagnetic-Studie auf. Diese hat die wissenschaftliche Erkenntnis erbracht, dass bei der Warenbildgestaltung emotionale Darstellungen (Warenbild ergänzt mit emotionalen Bildinhalten) den rationalen Darstellungen (reine Produktpräsentation) überlegen sind. Emotionale Bildinhalte haben einen signifikanten Einfluss auf Wahrnehmungs-, Lern- und Entscheidungsverhalten der Konsumenten.

Die Geruchsstudie soll zeigen, ob die Emotionen bei der visuellen Wahrnehmung von emotionalen Bildinhalten durch die Beigabe von verschiedenen Duftkonditionen noch verstärkt bzw. abgeschwächt werden können.

II. Die biologische Bedeutung von Geruch für den Menschen

Der Geruchssinn spielt als Fern- und Nahsinn in mehreren Lebensbereichen eine Rolle (Vor allem bei der Nahrungssuche und Nahrungsaufnahme sowie bei der Regelung sozialer Beziehungen). Riechempfindungen lassen den Menschen beim Atmen, Essen und Trinken die Aufnahme schädlicher Stoffe meiden (z.B. Gas-, Brandgeruch). Die Folge sind Schutzreflexe wie: „Luftanhalten", Niesen, Würgen.

Der Geruchssinn des Menschen hat eine starke emotionale Komponente. Duftstoffe haben wichtige Signalfunktionen zwischen Individuen und Gruppen, sie beeinflussen auch das Fortpflanzungsverhalten und hormonelle Steuerungen. Der Mensch kann mehrere tausend Gerü-

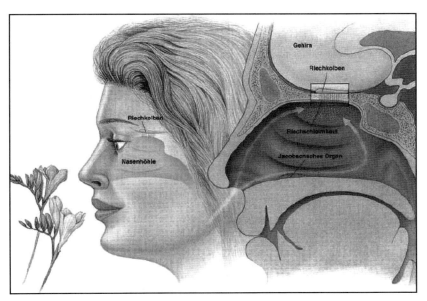

Abb. 1. Axel, R., „Die Entschlüsselung des Riechens", Spektrum der Wissenschaft, Dezember 1995, 72–78.

che unterscheiden, die allerdings keinen bestimmten Namen haben, sondern durch **Assoziationen** zu einer bekannten **Geruchsquelle** bezeichnet werden (etwas riecht wie ...). Gerüche bleiben sehr lange im Gedächtnis haften, sie werden noch nach vielen Jahren wiedererkannt.

III. Der Riechvorgang

Die Riechschleimhaut enthält (etwa 5–6) Millionen **Riechzellen**, **Stützzellen** und **Basalzellen**, letztere entsprechen ungereiften Riechzellen.

Es gibt ca. 1000 verschiedene Geruchsrezeptoren (im visuellen System nur 4 verschiedene Rezeptoren).

Die Moleküle der Duftstoffe diffundieren durch die Schleimschicht und gelangen zu den Cilien (feine Haare der Zellen) der Riechzellen. Auf den Cilien liegen die Rezeptoren, spezifische Moleküle, welche die Duftstoffe binden.

Wenn Duftmoleküle gebunden werden, erzeugen Sinneszellen einen elektrischen Nervenimpuls. Die Nervenfasern leiten diesen Impuls durch die Siebbeinplatte in den Riechkolben, der ein vorgeschobener Teil des Gehirns ist. Von dort werden die Signale direkt ans Limbische System weitergeleitet (der ältesten Gehirnregion beim Menschen). Die unmittelbare Verbindung mit dem Limbischen System (ohne Umweg über den Thalamus) erklärt die starke emotionale Komponente des Geruchsinnes.

Ein wesentlicher Teil der Geruchsempfindungen läuft auf der unterbewussten Ebene ab und ist somit kognitiv nicht steuerbar. Düfte nehmen einen starken Einfluss auf unsere Entscheidungen und Handlungen.

So bringt die Wahrnehmung von Gerüchen oft eine Änderung der Affektlage mit sich, d.h. wir empfinden einen Duft als angenehm oder unangenehm.

IV. Beschreibung des Untersuchungslayouts

Das vorgegebene Untersuchungsdesign besteht darin, dass die Hirnaktivität von 20 Probanden (10 junge Frauen, 10 junge Männer) bei der Betrachtung von 600 emotionalen Bildern und der zusätzlichen Induzierung von Düften gemessen werden. Dadurch soll festgestellt werden, ob ein Einfluss von unterschwelligen (bewusst nicht wahrnehmbaren) und überschwelligen (bewusst wahrnehmbaren) Duftstoffen auf die neuronale Verarbeitung von visuell gezeigten emotionalen Bildern (positiv und negativ) besteht. Die Bilder sind in fünf Emotionskategorien (Erotik, Baby, Blumen, Angst und Grusel) aufgeteilt. Jede Emotionskategorie wird mit den fünf unterschiedlichen Duftindikationen neutral (kein Duft), Rosenduft unterschwellig, Rosenduft überschwellig, Schwefelwasserstoff (riecht nach faulen Eiern) unterschwellig, Schwefelwasserstoff (H_2S) überschwellig gemessen.

Die Bündelung von Themen war insofern von Bedeutung, da es für die Messung einer bestimmten Erregung 30 Bilder brauchte, die dasselbe Thema beschreiben. Dies ist für die Mittelung der Hirnaktivität notwendig, um das Signal aus dem „Gehirnrauschen" herauszufiltern.

Magnetoenzephalographie (MEG) ist ein Verfahren, mit welchem neuronale Aktivität im Gehirn räumlich und zeitlich gleich gut erfasst werden kann. Gedanken im Gehirn sind mit Aktivierung verbunden, diese erzeugt elektrische Felder, die wiederum von einem Magnetfeld begleitet sind. Mit hochempfindlichen Detektoren, sogenannten SQUIDs (Supraleitende Quanteninferenz-Detektoren) kann nachgewiesen werden, wann, wo und wie stark sich im Gehirn elektromagnetische Felder bilden. Somit ist es möglich, auch Gedanken im Gehirn zu erfassen, zu lokalisieren und ihre Charakteristika zu erforschen.

Mit dem Olfaktometer werden Duftmoleküle in die Nase des Probanden induziert. Die gewünschte Duftkonzentration kann genau dosiert werden (in parts per million, ppm). So ist es möglich, den Duft sowohl unterschwellig (bewusst nicht wahrnehmbar) sowie überschwellig in die Nase des Probanden zu blasen.

Dem unter dem Magnetoenzephalographen sitzenden Probanden werden die emotionalen Bilder in sechs Etappen in zufälliger Folge für eine Sekunde dargeboten und seine Hirnmagnetfelder gemessen. Zu jedem Bild wird jeweils einer der definierten Düfte in die Nase geblasen. Zudem muss der Proband für jedes Bild mittels Tastendruck eine Bewertung durchführen, wie er von dem emotionalen Bild angesprochen wird (Nominalskala: positiv 1–5, negativ 1–5).

V. Erkenntnisse aus der Geruchsstudie

1. Grundsätzlich hat die Geruchsindikation einen signifikanten Einfluss auf die emotionale Ausprägung, jedoch ist diese nicht klar gerichtet. Eine eindeutige Festlegung der Geruchsbeeinflussung ist von vielen Einflussfaktoren abhängig. Die Wechselwirkung von Geruchsindikationen und emotionaler Ausprägung ist kaum monokausal nachweisbar.

2. Je geringer die emotionale Ladung des visuellen Reizes ist, desto höher ist die emotionale Beeinflussbarkeit durch die Geruchsindikation. Bei hoch emotionalen visuellen Reizen spielt der Duft eine untergeordnete Rolle.

3. Bezüglich der psychologisch messbaren Emotionen schlägt der visuelle Reiz den olfaktorischen Reiz eindeutig hinsichtlich der Beeinflussbarkeit.

4. Durch die Geruchsindikation erhöht sich das neuronale Aktivierungsmaß bei Frauen mehr als bei Männern.

Der Mann hat am Anfang eine höhere Gehirnaktivität als die Frau (250–350 ms), dies ist auf die starke Gehirnaktivität bei der visuellen Auflösung der Reize zurückzuführen. Die Neuronenaktivität der Frau steigert sich jedoch im Zeitraum von 350–800 ms, dies ist ein Hinweis dafür, dass die Frau mehr Neuronenaktivität im Bereich der bewussten Duftverarbeitung hat. Das deutet darauf hin, dass Frauen stärker auf olfaktorische Reize reagieren als Männer.

5. **Mismatch-Effekt:** Bei Negativemotionen führt eine positive Geruchsindikation zu einer weiteren signifikant negativen Verstärkung.
Z.B.: Bilder die schockieren und einen Ekelreiz auslösen wie etwa Bilder verletzter Unfallopfer, werden durch eine positive Geruchsindikation (z.B. Rosenduft) in ihrer Ekelerregung zusätzlich verstärkt.

VI. Schlussfolgerung

Sowohl die Ergebnisse unserer Geruchsstudie als auch der allgemeine Wissensstand der neurologischen Forschung im Bereich Geruchswahrnehmung dämpft unsere Hoffnung, dass gute Gerüche negative Bilder am POS kaschieren könnten. Geruchsdesign im Sinne einer ganzheitlichen Inszenierung erscheint uns aus wissenschaftlicher Sicht nur dann als sinnvoll, wenn positive Bildreize und die dazu gelernten Geruchsmuster übereinstimmen (z.B. wie Backwaren und Backgeruch, Kaffeehaus und Kaffeegeruch, ...). Mismatch-Effekte (Divergenz von Bild- und Geruchsmustern) dagegen führen nachweislich im Zuge der unbewusst ablaufenden Wahrnehmungsprozesse zu einer Verstärkung der emotional negativ gerichteten Wirkung.

EEG-Studie Farbwahrnehmung

Eine neurologische Messung von Farbreizen mittels Elektroenzephalographie

Ein Forschungsprojekt in Zusammenarbeit mit dem Ludwig-Boltzmann-Institut für Funktionelle Hirntopographie, Wien.

Gliederung
I. Ausgangslage
II. Ziel der Studie
III. Introduktion zum Thema Farbe
IV. Das Untersuchungslayout
V. Die Untersuchungsergebnisse

I. Ausgangslage

„Grau, teurer Freund, ist alle Theorie, und grün des Lebens goldener Baum". Was schon der Farbenforscher und geniale Dichterfürst Johann Wolfgang von Goethe so voll der Poesie auf den Punkt brachte, besitzt nach wie vor Gültigkeit: Unser Leben existiert in Farbe. Sie macht unser Dasein aber nicht nur bunter, sondern sie bestimmt unsere Stimmung und beeinflusst unsere Gedanken und Verhaltensweisen. Die Wahrnehmung von Farben hilft uns, die Umwelt und deren Objekte besser zu erkennen und überlebenswichtige Aufgaben zu bewältigen. Farben bedeuten Information und Kommunikation. Zahlreiche Studien über die Farbwahrnehmung auf dem Gebiet der Psychologie haben den Einfluss von Farben in verschiedenen Lebenssituationen anschaulich und eindrucksvoll beschrieben. Die umfassenden Kenntnisse über die Wirkungsweise von Farben auf mentale Prozesse sind auch im Bereich store branding von elementarer Bedeutung. Auch liegt es unserem Forschungsdrang nahe, die Wahrnehmungsaspekte von Farben neurophysiologisch zu untersuchen. In der Gewissheit, die Farbenwelt nicht neu zu erfinden, reizte uns schon allein der Gedanke, ein neues Land im Bereich Neuromarketing zu betreten.

II. Ziel der Studie

Ziel der Studie ist es, Farbeffekte auf kognitives und emotionales Entscheidungsverhalten neurophysiologisch mittels EEG-Messung zu untersuchen. Diese Studie ist primär als Grundlagenarbeit zu sehen und verfolgt nicht den Zweck, konkrete Handlungsableitungen zu erstellen.

III. Introduktion zum Thema Farbe

III.1. Was ist Farbe?
Farbe ist ein Sinneseindruck, der entsteht, wenn Lichtreize einer bestimmten Wellenlänge (elektromagnetische Strahlung im Wellenlängenbereich von ca. 180 bis 780 nm, sogenanntes Lichtspektrum) auf die Rezeptoren der Netzhaut treffen und die dadurch ausgelösten Nervenvernetzungen im Gehirn zu Bewusstseinsprozessen führen, die als Farbe erlebt werden. Farbempfindungen von Objekten sind stets subjektiv, da sie erst im Gehirn des Betrachters gebildet werden. Das Objekt selbst besitzt keine Farbeigenschaft im physikalischem Sinne. Die physikalische Welt ist nicht bunt, wir empfinden sie nur so.

III.2. Wie sieht man Farbe (Farbwahrnehmung)
Der physiologische Aspekt der Wahrnehmung von Farbe besteht darin, dass sich im Laufe der Evolution auf unserer Netzhaut Farbrezeptoren entwickelt haben. Sie sind spezialisiert, bei elektro-

magnetischen Wellen im Bereich von ca. 380 bis 780 nm chemische Reaktionen (Zerfall von Sehpurpur) auszulösen, die wiederum in Nervenerregungen umgesetzt werden. Es existieren zwei Arten von Photorezeptoren: Stäbchen (erkennen nur Schwarz-Weiss-Kontraste, sind sehr lichtempfindlich und ermöglichen Sehen bei Dämmerung bzw. bei Dunkelheit) und Zapfen (dienen der Farbwahrnehmung und sind in drei Ausprägungen vorhanden, die für die Grundfarben „Blau" kurzwelliges Licht, „Grün" mittelwelliges Licht und „Rot" langwelliges Licht besonders sensitiv sind). Jede Kombination von Anregungen der drei Zapfenarten durch die auf die Netzhaut treffende Strahlung bewirkt einen spezifischen Farbeindruck. Die Nervenimpulse, die in den Photorezeptoren entstehen, werden über spezielle Nervenbahnen in das Gehirn weitergeleitet (Transduktion), wo im Zuge komplexer neuronaler Prozesse schließlich die Farbempfindung in unserem Bewusstsein entsteht.

III.3. Farbpsychologie

Auch im Zuge einer gehirnphysiologischen Untersuchung von Farbwahrnehmungsprozessen darf ein kurzer Hinweis auf die psychologische Wirkung von Farben nicht fehlen. Zahlreiche, in unserem Kulturkreis durchgeführte, sozialtechnische bzw. psychologische Messungen ergaben relativ einheitliche Wirkungsbilder von Farben. Diese Gefühlswirkungen sind einerseits durch Universalobjekte (Himmel ist blau, Blut ist rot, Sonne ist gelb, Pflanzen sind grün, ...) ererbt und andererseits durch Kultureinflüsse bewusst als auch unbewusst gelernt. Im Alltagsleben bedienen sich nicht nur Künstler, Designer, Werbegraphiker etc. dieser Wirkungsbilder, sondern sie haben auch in unserem Sprachgebrauch ihre feste Bedeutung gefunden (z.B. ein rotes Tuch, sich grün und blau ärgern, ins Schwarze treffen, eine weiße Weste, ...). Die unter Abbildung 1 gezeigte Tabelle für mögliche Wirkungen und Bedeutungen von Farben entnahmen wir unserer hauseigenen Studienreihe (vgl. Traindl, A., Schabel, Chr., Farben wirken, 2004).

Farbe	Assoziierte Stimmungen und Bedeutungen in Stichworten
HARTE FARBEN	Vermitteln eine aufregende Stimmung, drücken Vitalität aus.
WEICHE FARBEN	Gedämpfter Charakter, erzeugen eine ruhige Stimmung.
GELB	Freundlich einladend, lustig, energisch, vital, kreiert sonnige Atmosphäre. Aber: Wirkt bei großflächigem Einsatz schnell billig und störend.
ORANGE	Vermittelt Wärme, Sicherheit, Heiterkeit und wirkt spirituell (z.B. Buddhismus). Bei großflächiger Anwendung wirkt Orange auch billig.
BLAU	Entspannend, beruhigend. Hellblau sowie die Kombination mit Weiß wirken sehr kühl, steril, unkommunikativ. Assoziation mit Kälte, Eis oder Meer. Farbe der Treue.
GRÜN	Repräsentiert Stabilität und Sicherheit, Erfrischung. Wirkt ansonsten recht neutral. Assoziiert Natur und Frühling. Beruhigend und gilt als Farbe des Lebens.
BRAUN	Vermittelt gemütliche, sichere Atmosphäre. Brauntöne werden als freundlich und kommunikativ empfunden. Beige wirkt anspruchsvoll. Farbe der Tradition. Steht auch für Armut, Faulheit, Dummheit und das Spießige.
ROT	Hoher Aktivierungswert auf den gesamten Organismus. Ist leidenschaftlich, warm und aufregend. Provoziert aber auch und bedeutet Gefahr. Rot polarisiert.
ROSA	Ruhigere Stimmung als Rot. Intimität und Glück werden mit Rosa assoziiert.
GRAU	Erzeugt eine würdige, sichere Stimmung. Kann aber auch depressiv wirken und hohes Alter suggerieren. Emotional neutral.
SCHWARZ	Erzeugt Tiefe, kann dramatisch wirken, Tod und Krankheit suggerieren und deprimieren. Schwarz repräsentiert Macht.
WEISS	Symbolisiert die Unschuld, das Göttliche, wirkt neutralisierend und erzeugt in der Großfläche Sterilität. In asiatischen Ländern die Farbe der Trauer.

Abb. 1. Farbassoziations-Tabelle

IV. Das Untersuchungslayout

Bei dem reinen Farbexperiment wurden dem Probanden (10 Männer und 10 Frauen) mittels Videopräsentation verschiedene Farbkleckse gezeigt und gleichzeitig die Gehirnaktivitäten im Bereich des Limbischen Systems gemessen. Es wurde untersucht, ob verschiedene Farben unterschiedliche Gehirnaktivitäten auslösen.

Beim zweiten Experiment wurden emotionale Bildthemen gezeigt, die unterschiedlich eingefärbt sind (rot, gelb, blau, grün, schwarz, farbig). Zum Beispiel wurde das emotionale Thema Liebe mit dreißig verschiedenen Bildern von sich küssenden Paaren dargestellt. Jedes dieser Motive ist dem Probanden in den sechs verschieden Farbkonditionen gezeigt worden (zufällige Reihenfolge, Präsentation mittels Videopräsentation, eine Sekunde lang). Dem Probanden wurde folgende Instruktion vorgegeben: „Sie sehen jetzt einige Fotos von Pärchen, die sich küssen. Einige der Pärchen sind echt und die anderen Filmschauspieler. Beurteilen sie die Pärchen nach dem Grad der Zuneigung, die sie sich gegenüber empfinden (auf einer Skala von 1–5)." Ziel dieser Befragungsart (Theory of mind) ist, dass sich der Proband mental in die Szene im Bild hinein versetzt und ein Urteil darüber abgibt, wie stark er über die Zuneigung denkt, die zwei Menschen im Bild gegenüber empfinden. Die Instruktion ist somit weder auf die Farbe gerichtet noch auf seine persönliche subjektive Meinung gegenüber dem Bild. Zu untersuchen galt, ob die unterschiedlichen Einfärbungen einen Einfluss auf sein Urteil haben.

V. Die Untersuchungsergebnisse

Angesichts eines schier unendlich anmutenden Datensatzes, der die EEG-Messung des Ludwig-Boltzmann Institutes ergeben hat, beschränken wir uns im Zuge der Auswertung auf die 5 wichtigsten Teilergebnisse. Less-Is-More-Philosophie zu Gunsten der Wahrnehmungsbereitschaft des Lesers.

V.1. Farbe und Transduktion

Das Gehirn verarbeitet Farben unterschiedlich im Bezug auf die zeitliche Auflösung der Transduktionsprozesse (d.h. Übersetzung äußerer Farbreize in die Sprache des Gehirns). Unterschiedlich ist auch der Grad der Aktivierung von den jeweiligen Gehirnregionen, je nachdem welche Farbreize verarbeitet werden.

Grün und Blau lösen z.B. im Bereich der frontalen Hirnregion zum Zeitpunkt aufkommender Bewusstseinsprozesse (ca. 200–300 ms) höhere neuronale Aktivierung aus als Rot. Rot dagegen verursacht zum gleichen Zeitpunkt ein stärkeres Neuronenfeuer im Okzipital- und Temporalbereich, was auf höhere emotionale Bedeutung schließen lässt. Denn es gilt als wissenschaftlich gesichert, dass vor allem im Zuge der visuellen Reizauflösung der Okzipital- und der Temporallappen in unmittelbarer Verbindung mit dem Limbischen System (Sitz der emotionalen Verbarbeitung) stehen. Was der Volksmund schon längst wusste: „Blau ist die Farbe der Vernunft, Rot ist die Farbe der Emotion.", scheint sich auch neurophysiologisch zu bestätigen.

V.2. Farben und Emotionen

Die hohe Bedeutung der Farben auf das emotionale Erleben der Umwelt lässt sich dadurch erklären, dass der höchste Grad der neuronalen Aktivität im Zuge der Farbwahrnehmung schon zum Zeitpunkt von 50–150 ms (vorbewusste Wahrnehmung) stattfindet.

Daraus lässt sich erkennen, welchen großen Einfluss Farben auf kognitive (bewusst erlebte) Prozesse nehmen, da sie primär im Bereich der vorbewussten Verarbeitung ihr Aktivierungsmaximum erreichen.

V.3. Farbenwirkung auf die Kognition

Dass sich Farben aber ausschließlich in den Fängen des Limbischen Systems befinden (wie zum Beispiel biologisch determinierte Reiz-Reaktionsmuster), wäre viel zu weit gegriffen. Unsere Studienergebnisse zeigen deutlich, dass der Einfluss der Farben auch im Zuge der bewusst erlebten (kognitiven) Wahrnehmung ein sehr unterschiedliches Aktivierungsmuster von Gehirntätigkeiten erzeugt (nach 300 ms). Das heisst, schon gemachte Erfahrungen (kulturelle Lernprodukte), Motivprägungen, persönlich gewonnene Farbpräferenzen, nehmen zusätzlich regen Anteil an dem gesamten Erleben von Farben.

Während wir vergleichsweise auf Gesichtsmimik (biologische Reiz-Reaktionsmuster) mit nahezu universell identen Verhaltensmustern reagieren, sind kulturelle Unterschiede bei der Farbempfindung festzustellen. Es gibt aber gewisse messbare Farbprädispositionen, die über alle Zielgruppen hinweg zu ähnlichen Farbreaktionen führen (z.B. Rot wirkt stärker aktivierend als Grün oder Blau, starker Farbkontrast wirkt aktivierender als geringer Farbkontrast, ...). Von einer einheitlich globalen Farb-Reizreaktion zu sprechen, scheint aber aus neurowissenschaftlicher Sicht nicht haltbar. Zu stark wirken doch kulturelle Einflüsse auf die jeweiligen Farbpräferenzen und die damit verbundenen kognitiven Handlungsmuster (vgl. Abbildung 1).

V.4. Farbe und Geschlecht

Als interessant erwies sich auch die Detailauswertung der neurophysiologischen Daten im Bereich bis 200 ms (vorbewusste Wahrnehmung) nach Männern und Frauen. Es zeigte sich deutlich, dass die jeweilige Farbe bei Frauen einen größeren Einfluss auf den Grad der neuronalen Aktivierung nimmt, als bei Männern. Da dieses Phänomen im vorbewussten Bereich der Wahrnehmung gemessen werden konnte, stützt es die Annahme, dass Frauen auf Farben emotionaler reagieren. Diametral dazu stellten wir bei Männern ein signifikant höheres Aktivierungspotential bei Schwarz-Weiss-Darstellungen fest.

V.5. Farbreize und Aktivierungsstärke
Exkurs: GFP (Global Field Power)

Die Auswertung ereigniskorrelierter Potentiale erfolgt in der Regel durch die Bestimmung von Latenz und Amplitude des Gipfels des Potentials über einem bestimmten Areal an der Kopfoberfläche. Da Ausprägung und topographische Verteilung der Peaks sowohl innerhalb einer Sitzung als auch zwischen einzelnen Probanden differieren, führt dieses Vorgehen zu systematischen Fehlern. Dieser Fehler lässt sich durch eine Vielkanalableitung mit Bestimmung der allgemeinen Feldstärke (Global field power, GFP) vermeiden.

Die **Global field power (GFP)** ist definiert als die Variabilität der Amplitude über die gesamten erfassten Ableitbereiche. Sie ist ein Maß für die Gesamtenergie des abgeleiteten Feldes zu einem bestimmten Zeitpunkt. Durch eine Berechnung der GFP im zeitlichen Verlauf lässt sich der Zeitpunkt der maximalen bioelektrischen Aktivierung des Aktionspotentials (Neuronenfeuer) ermitteln. Gegenüber dem üblichen Vorgehen hat die GFP den Vorteil, dass sie die bioelektrische Aktivität über alle Ableitbereiche berücksichtigt. Die Bestimmung der GFP fand in den letzten Jahren bei neurologischen Studien vermehrt Anwendung.

Kapitel II – Grundlagenforschung Neuromarketing

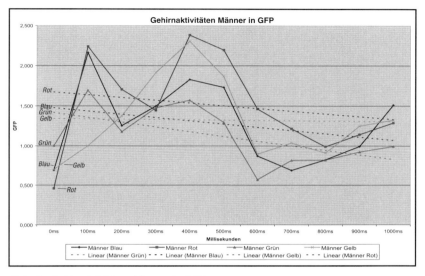

Abb. 3. Gehirnaktivitäten Männer in GFP

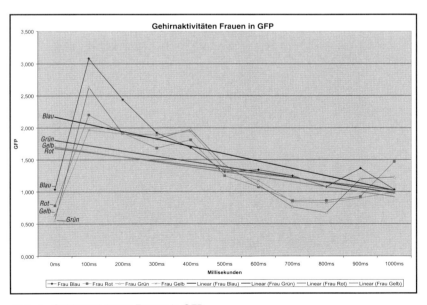

Abb. 4. Gehirnaktivitäten Frauen in GFP

Im Zuge der Farbreizmessung unternahmen wir den Versuch, das durchschnittliche Aktivierungspotential gemäß GFP der Primärfarben bei der Farbkleckse-Wahrnehmung zu messen und somit einen entsprechenden Verlauf der Farbaktivierung darzustellen. Das Ergebnis ist nach Männern und Frauen getrennt und zum besseren allgemeinen Verständnis zusätzlich als Durchschnittslinie dargestellt (durchschnittliches Gesamtpotential der jeweiligen Farbreizaktivierung – siehe Abbildungen 3 und 4). Die Aktivierungsverläufe über die gesamte Wahrnehmungsperiode von 1 Sekunde sind teilweise stark unterschiedlich. Interessant ist vor allem das Ergebnis bezüglich der höchsten Farbreizaktivierung. So ist die Farbe Rot bei Männern die Farbe mit dem höchsten durchschnittlichen Aktivierungspotential und bei Frauen ist es Blau. Ob nun ein Zusammenhang zwischen den Ergebnissen dieser neurobiologischen Farbreizmessung besteht, wonach die Farbe Blau das weibliche Prinzip bzw. Rot das männliche symbolisiert, kann diese Studie natürlich nicht belegen. Interessant nur erscheint der stets wiederkehrende Effekt von Parallelitäten zwischen neurologischen Messergebnissen und kulturell entstandenen Verhaltensweisen und Symbolwelten.

Kapitel II – Grundlagenforschung Neuromarketing

PERIPHERE WAHRNEHMUNG 2006
Die emotionale Allee am POS

Eine neurologische Messung von visuellen Reizen im Bereich der peripheren Wahrnehmung.

Ein Forschungsprojekt in Zusammenarbeit mit dem Ludwig-Boltzmann-Institut für Funktionelle Hirntopographie, Wien.

Gliederung:

I. Ausgangslage
II. Ziel der Studie
III. Untersuchungslayout
IV. Ergebnisse
V. Zusammenfassung

I. Ausgangslage

Die visuellen Reize, die in unsere bewusste Wahrnehmung dringen, werden vornehmlich durch die zentrale Region der Netzhaut (Fovea bzw. foveales Sehen) unseres Auges aufgenommen und im visuellen Kortex verarbeitet. In dem Bereich Fovea ist die Dichte der Zapfen (zuständig für das Farbsehen) am größten, was wiederum die höchste Sehschärfte ermöglicht. Die äußere Region der Netzhaut (ca. 15–20 Winkelgrade vom Zentrum entfernt) beherbergt das Stäbchenmaximum, in diesem Bereich haben Normalsichtige eine Sehschärfe von nur 10 % aber die Empfindlichkeit des Helligkeits- und Bewegungssehens ist um einiges höher. Neurologische Untersuchungen haben gezeigt, dass in diesem peripheren Teil der Netzhaut eher die unterbewusste Wahrnehmung stattfindet. Es wird vermutet, dass eine sub-

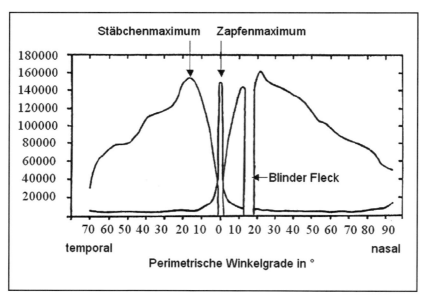

Abb. 1. Diagramm mit absoluten Zahlen von Zapfen und Stäbchen in Abhängigkeit der Winkelgrade vom Zentrum entfernt. Hierbei sieht man, dass die Zahl der Stäbchen ebenfalls ein Maximum hat, welches sich ca. bei 20 Winkelgraden vom Zentrum entfernt befindet (vgl. Walla P., Neurobiologisches Wissen für wirtschaftsorientierte Gehirnforschung).

kortikale Nervenbahn von den Augen zur thalamischen Schaltstelle und zum Mandelkern (emotionale Verarbeitung) führt. Dies wäre eine unbewusste Sehbahn, über die es möglich ist, dass visuelle Informationen auch ohne Bewusstheit auf emotionaler Ebene verarbeitet werden können.

II. Ziel der Studie

Das Ziel unserer Studie „Periphere Wahrnehmung" besteht darin, zu analysieren, ob man mittels peripheren-emotionalen Reizen (Positiv- bzw. Negativreizen) die Grundeinstellung von Personen beeinflussen kann. Diese Studie soll den Grundstein für die Entwicklung einer „Emotionalen Allee" legen, welche in POS-Konzepte integriert werden kann (z.B. bei der Wegeführung bzw. Säulen- oder Wandgestaltung) und hilft, die Hintergrundstimmung der Konsumenten auf der Ebene der unbewussten Wahrnehmung zu erhöhen.

Hypothese
Mit Hilfe dieser Studie soll folgende 0-Hypothese widerlegt werden:
Die bewusste emotionale Bewertung eines im mittleren Gesichtsfeld präsentierten Blumenbildes lässt sich nicht durch verschiedene emotional beladene, peripher präsentierte Inhalte manipulieren.

III. Untersuchungslayout

Der Proband wird an ein EEG angeschlossen. Mit einer Videopräsentation werden unterschiedliche Blumenbilder jeweils eine Sekunde lang gezeigt. Links und rechts der Blumen werden im Abstand von ca. 10 Grad (im peripheren Wahrnehmungsbereich des Probanden – Idee der Emotionalen Allee, siehe Abb. 2) zwei gleiche Reize (Smiley, Kind [positiv], Smugly [negativ], Blumen [Reizverstärkung]) gezeigt.

Die Instruktion an den Probanden ist folgende:

„Stellen Sie sich vor, Sie stehen in einem Blumengeschäft und wollen ihrer Mutter für den Muttertag Blumen besorgen. Es werden Ihnen verschiedene Blumen gezeigt und Sie bewerten diese auf einer Skala von 1-5 nach der Begehrlichkeit."

Die Verhaltensdaten (Bewertung der Blumen) und physiologischen Daten (die Aktivität des Mandelkerns) werden gemessen.

Die Ergebnisse dieser sehr umfangreichen Studie haben wir im Interesse des Lesers auf die wichtigsten Teilaspekte zusammengefasst.

Abb. 2. Emotionale Allee als Testkonfiguration (Präsentation der Blume im Bereich der Bildmitte, d.h. foveale Wahrnehmung und die emotionalen Reize im Bereich der peripheren Wahrnehmung).

Weitere peripher gezeigte Reize:

IV. Ergebnisse

Smiley   **Smugly**   **Baby**

IV.1. Positive periphere Emotionen steigern die Begehrlichkeit der Produkte.

Die Verhaltensdaten zeigen eindeutig, dass bei positiven Emotionen im peripheren Sehwinkel die Begehrlichkeit der Blume höher ist als bei negativen Emotionen (Smugly).

IV.2. Subkortikale Verbindung von den Augen direkt ins

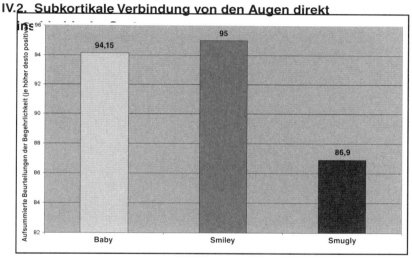

Abb. 3. Auswertung der Begehrlichkeitsempfindung.

Die Gehirnaktivitäten bei der peripheren Wahrnehmung von positiven Reizen (z.B. Babyschema) zeigen ganz deutlich ein sehr frühes hohes Aktivierungsniveau (unter 100 ms) im temporalen Bereich (Schläfenlappen, siehe Abbildung 4, linke Gehirndarstellung) der mit vorbewusster Informationsverarbeitung in Verbindung steht. Die EEG-Messungen unterstreichen somit die Annahme, dass die im peripheren Gesichtsfeld gezeigten emotionalen Inhalte einen sehr raschen neurophysiologischen Effekt in Form erhöhter Gehirnaktivitäten auslösen und somit auf weitere Kognitionen (Bewusstseinsprozesse) Einfluss nehmen können. Möglicherweise ist dieses Phänomen auch damit zu erklären, dass die Transduktion von peripheren Reizen über eigens entwickelte Bahnen direkt ins Limbische System führen.

IV.3. Babyschema ist als genetisches Muster im

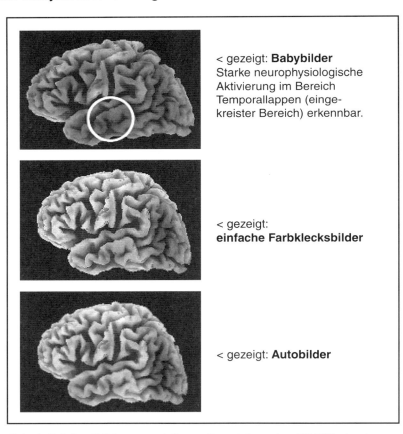

Abb. 4. Relative Aktivierungsverteilung während der ersten 100 Millisekunden nach Reizbeginn bei peripher gezeigten Babybildern, bei einfachen Farbklecksbildern und bei Autobildern.

Gehirn gespeichert

Auch im Vergleich mit den interessanten Reizen wie Smiley und Smugly zeigte das Babyschema im Zuge der EEG-Messung bis 150 ms (d.h. noch vorbewusste Wahrnehmung) seine emotionale Vorherrschaft als genetisch determiniertes Reiz-Reaktionsmuster.

IV.4. Negativ – Positiv Emotionen: Klarer Unterschied im

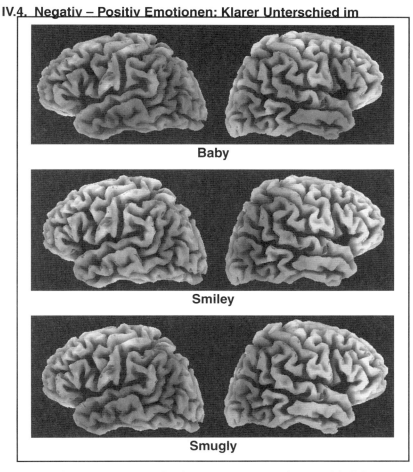

Abb. 5. Gehirnaktivierung im Bereich von 0–150 ms nach unterschiedlichen emotionalen Reizen.

rechten Temporallappen

Im rechten Temporallappen ist ganz eindeutig eine unterschiedliche Aktivierung in Abhängigkeit vom gewählten emotionalen Reiz festzustellen. So ist bei der Smugly-Bild-Darstellung eine höhere Aktivierung messbar (T8 / T4). In der Literatur sind Hinweise zu finden, dass eine solche höhere kortikale Aktivierung zu einer verstärkten Sensitivität für negative Emotionen führt. Somit konnte im Zuge dieser Messreihen auch der seltene Nachweis der Emotionsart (Lust oder Schmerz) erbracht werden.

Smugly und Smiley – Vergleich

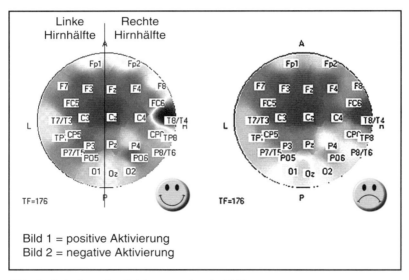

Abb. 6. Aufnahme des Gehirns von oben bei 200 ms.

V. Zusammenfassung

Im Bereich der peripheren Wahrnehmung gibt es schon signifikante Gehirnaktivitäten unter 100 ms (im Gegensatz zu der fovealen Wahrnehmung). Die Ursache liegt darin, dass subkortikale Verbindungen bestehen, die direkt vom Auge ins Limbische System führen. Diese werden bereits aktiviert, bevor der Reiz das visuelle Zentrum erreicht. Vor allem beim Baby-Bild ist schon im Bereich von 100 ms eine sehr hohe Gehirnaktivität feststellbar, was wiederum das hohe Maß an der genetischen Determinierung des Baby-Schemas bestätigt.

Schließlich gilt: Peripher, d.h. unbewusst aufgenommene visuelle Reize, üben einen geringen, jedoch signifikanten Einfluss auf Bewusstseinsprozesse (Kognitionen, d.h. auch Verhaltensprozesse am POS) aus. Dieser Effekt einer „Emotionalen Allee" konnte im Zuge dieser neurophysiologischen Messung deutlich nachgewiesen werden. Er eröffnet somit im Zuge des Ladendesigns einen weiteren neuen Spielraum, den Kunden am POS auf unbewusstem Wege in die richtige Stimmung zu versetzen.

KAPITEL III
PRAXISORIENTIERTE STUDIEN

Einfluss von Hintergrundemotionen auf das
Preisempfinden

Beeinflussbarkeit der Konsumenten am POS durch
gezielten Einsatz von Emotionen bei
der Gestaltung von Preisschildern

Die Wirkung eines emotional aufgeladenen Bildes am
Point of Sale auf das Kaufverhalten

LESS IS MORE –
Die Erfolgsformel im Einzelhandel

Einfluss von Hintergrundemotionen auf das Preisempfinden

Können Menschen beim Einkauf von Konsumprodukten durch periphere emotionale Reize in ihrem Preisempfinden und in ihrer Begehrlichkeit gegenüber einem Produkt beeinflusst werden? Macht es also Sinn, am POS alles zu versuchen, den Kunden in eine positive Grundstimmung zu bringen, um somit einen Einfluss auf seine „objektive" Preisempfindung zu nehmen? Zur Beantwortung dieser Frage wurde die folgende Wahrnehmungsstudie auf Basis der Neuromarketing-Untersuchungsreihe durchgeführt.

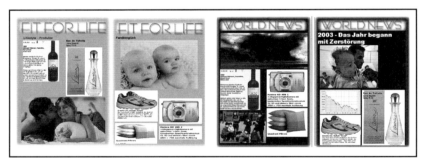

Abb. 1. Die selben Produkte wurden jeweils in einen positiven und einen negativen Kontext gesetzt.

Die Studie basiert auf einer quantitativen Umfrage von 400 Personen. Den befragten Personen wurden fünf Konsumprodukte gezeigt. Diese mussten nach der persönlichen Begehrlichkeit (Skala 1–10) und der subjektiven Preisempfindung bewertet werden (Wieviel würden Sie für dieses Produkt ausgeben?). Die Produkte wurden jeweils in zwei verschiedenen Darstellungsformen präsentiert (Abbildung 1). Eine Serie zeigt die Produkte zusammen mit einer positiven Hintergrundstimmung: angenehme Farben und positive emotionale Bilder. Das Gegenstück zeigt die Produkte eingebettet in eine negative Hintergrundemotion: schwarze Farbe, negative Schlagzeilen und Bilder von Krankheit, Krieg und fallenden Aktienkursen. Einer befragten Person wurde jeweils nur eine Serie gezeigt. Ziel der Studie ist es, den Einfluss der Hintergrundemotionen auf die Begehrlichkeit und das Preisempfinden gegenüber dem Produkt zu untersuchen.

Theoretische Grundlage bei der Durchführung der Studie ist die These, dass Menschen nicht nur isoliert die Produkte, über die sie befragt werden, wahrnehmen, sondern auch die emotional geladenen Bilder, die sich auf der Fotocollage befinden. Diese emotionalen Reize werden im emotionalen Gehirnsystem (Limbischen System) der befragten Person decodiert und nach dem Lust- und Schmerzprinzip bewertet. Neurologische Untersuchungen haben gezeigt, dass der Mensch überdurchschnittlich auf emotionale Bildreize reagiert (vgl. Neuromagnetic-Studie, Traindl, Jenny, 2002) – somit ist auch ein Einfluss auf die situative Befindlichkeit zu erwarten.

Annahme: Obwohl die Produkte nicht in einen kognitiven Zusammenhang mit der dargestellten Emotion zu bringen sind, hat die emotionale Botschaft einen Einfluss auf die Beurteilung der abgefragten Produkte.

Folgende zwei Hypothesen wurden zu diesem Versuch aufgestellt:

1. Wenn die befragten Personen positive bzw. negative Hintergrundemotionen bei der Betrachtung von Produkten wahrnehmen, dann hat dies einen messbaren Einfluss auf die persönliche Begehrlichkeit gegenüber den Produkten.

2. Wenn die befragten Personen positive bzw. negative Hintergrundemotionen bei der Betrachtung von Produkten wahrnehmen, dann hat dies einen Einfluss auf die Ausgabebereitschaft bzw. Preissensibilität für die jeweiligen Produkte.

Kapitel III – Praxisorientierte Studien

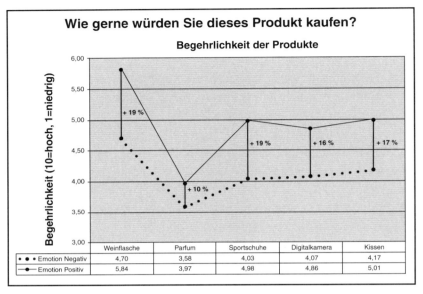

Abb. 2. Die Graphik zeigt den erhoben Begehrlichkeits-Mittelwert für das jeweilige Produkt pro Gruppe (Positiv/Negativ). Sowohl bei Männern als auch bei Frauen werden die Begehrlichkeit für die Produkte bei der emotional positiven Präsentation höher bewertet (Weinflasche +19 %, Parfüm +10 %, Sportschuhe +19 %, Digitalkamera +16 %, Kissen +17 %).

Die Ergebnisse der Studie zeigen ein eindeutiges Bild. Die Gruppe von Personen, welche die Produkte im positiven Umfeld wahrgenommen hat, bewertete die Produktbegehrlichkeit um 16 % höher, als jene, welche zu der Fotocollage mit negativen Emotionen befragt wurde. Weiters waren die Probanden bei der positiven Collage auch bereit, signifikant mehr für die jeweiligen Produkte auszugeben (ca. 10 %). Diese Untersuchung belegt eindeutig, dass die positiven visuellen Reize (Babyschema, Liebespaar, ...) aufgrund neurophysiologischer Prozesse (z.B. vermehrte Oxitozin-Ausschüttung) eine positive Hintergrundstimmung auslösen, welche auch auf die scheinbar objektive Preiswahrnehmung der Produkte abfärbt. Es resultiert eine Erhöhung der Produktvertrautheit; umgekehrt können „Schmerzbilder"

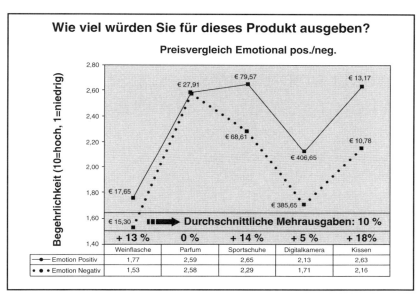

Abb. 3. Die Gruppe mit den positiven Hintergrundemotionen war bereit, für die gezeigten Produkte durchschnittlich 10 % mehr auszugeben.

evolutionär gelernte Fluchtreaktionen verursachen, die sich indirekt in der geringeren Ausgabebereitschaft oder Begehrlichkeit manifestieren. Glückliche Kunden sind gute Kunden.

Beeinflussbarkeit der Konsumenten am POS durch gezielten Einsatz von Emotionen bei der Gestaltung von Preisschildern

Preisschilder sind ein wichtiger Bestandteil der Produktkommunikation am POS. Sie spielen bei der Kaufentscheidung eine maßgebende Rolle. Oft sind sie der ausschlaggebende Faktor, ob der Kunde ein Produkt akzeptiert oder es als zu teuer empfindet.

Zahlreiche Untersuchungen im Bereich der Wahrnehmungsforschung haben ergeben, dass der Konsument bei vielen Produkten keine klare objektive Preisvorstellung hat. Vielmehr lässt er sich von seinem subjektiven Preisempfinden leiten. Dieses sagt ihm, ob der angegebene Preis mit seiner dem Produkt entgegengebrachten Werthaltung übereinstimmt oder nicht. Dieses subjektive Preisempfinden hängt von verschiedenen Variablen ab: Produktbegehrlichkeit, Vertrauen in Preiskompetenz des Anbieters, persönliche Hintergrundstimmung etc.

Diese Studie versucht zu klären, ob durch Einflussnahme bei der Gestaltung der Preisauszeichnung eine Wahrnehmungsveränderung bei den Konsumenten bewirkt werden kann. Die Fragestellung lautet: Ist es möglich, durch den Einsatz von Emotionen am Preisschild, die Preisempfindung zu beeinflussen, ohne den Preis des Produktes zu ändern?

Für diese Studie wurden vier Konsumprodukte ausgewählt und zwei Layouts konzipiert. Das eine Layout zeigt die Produkte mit der üblichen, rationalen Preisauszeichnung, d.h. dem Produktnamen, dem Preis und dem Barcode. Bei der zweiten Variante fügten wir bei der

Preisauszeichnung folgende gestalterische Variablen hinzu (Abbildung 1):

Silberring: Ein Bild von zwei lachenden und offensichtlich verliebten Menschen (Erreichung eines emotionalen Mehrnutzens).

Sportschuh: Eine Preisabschrift (Schnäppchen-Gedanke).

Whiskeyflasche: Ein Bild mit einem Whiskeyglas, das mit Whiskey gefüllt ist (Hervorhebung der Produktqualität und des Genusses).

TFT-Monitor: Ein lachender Smiley (Positive Emotion)

Jeder der zwei Produktbögen wurde 200 Personen gezeigt, die nach ihrer persönlichen Begehrlichkeit gegenüber den Produkten und nach ihrer Preiseinschätzung befragt wurden.

Abb. 1. Verschiedene Preisbeschriftungen

Die Ergebnisse sind eine klare Bestätigung für die prägende Kraft von emotionalen Reizen auf unser Bewusstsein. Die Gruppe mit den gestalterisch emotional manipulierten Preisauszeichnungen zeigt deutliche Unterschiede gegenüber den normalen Preisauszeichnungen. Der stärkste Unterschied ist beim TFT-Monitor (Preisauszeichnung mit Smiley) gemessen worden. Es handelt sich um eine erhöhte Begehrlichkeit von 21 %!! Der sogenannte Smiley-Effekt löst im Gehirn des Betrachters einen genetisch bedingten Effekt aus: Die Ausschüttung von Glückshormonen bei der Betrachtung eines lachenden Gesichtes. Das Bild mit dem verliebten Paar brachte es auf 7 % mehr Begehrlichkeit. Auch die Whiskey-Flasche mit der Hervorhebung des damit verbundenen Genusses hat die Begehrlichkeit um 5 % erhöht. Das „Schnäppchen"-Preisschild, bei dem der Preis von EUR 79.90

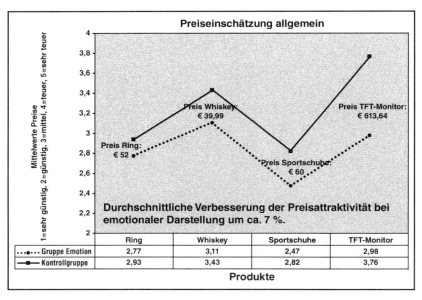

Abb. 2. Die jeweiligen Produktpreise wurden nach dem subjektiven Empfinden bewertet (Skala: 1=sehr günstig bis 6=sehr teuer). Die Gruppe Emotion beurteilte die Preise bei allen Produkten niedriger (Ring -3 %, Whiskey -5 %, Sportschuhe -7 % und TFT-Monitor -12 %) als die Kontrollgruppe.

auf EUR 60.- herunter gesetzt worden ist, führte nur zu einer 4%igen Verbesserung.

Emotion schlägt Ratio.

Die zweite Frage beschäftigte sich damit, in wie weit die emotionale Gestaltung der Produktpreisdarstellung einen unmittelbaren Einfluss auf die subjektive Preisempfindung nehmen kann. Die Ergebnisse verblüffen in ihrer Klarheit. Bei der Gruppe Emotion erhöhte sich die Preisattraktivität über alle vier Produkte in Summe um durchschnittlich 7 %. Um so spektakulärer zeigt der Smiley-Effekt auch hier seine Wirkung – eine um 12 % bessere Preisbewertung! (Abbildung 2).

Mit einem Lächeln können Sie mehr Preisvertauen gewinnen als mit durchgestrichenen Preisen. Denn auf dem emotionalen Auge ist der Homo oeconomicus in Wahrheit blind.

Die Wirkung eines emotional aufgeladenen Bildes am Point of Sale auf das Kaufverhalten

Die Erkenntnisse von Forschungsarbeiten im Bereich des Neuromarketings haben bewiesen, dass emotional aufgeladene Produkt- bzw. Warenbilder im Gehirn des Konsumenten eine signifikant höhere neuronale Aktivität entfachen können als ein Warenbild, in dem nur Produkte präsentiert werden. Eine erhöhte neuronale Aktivität heißt, dass sich das Gehirn des Betrachters intensiver mit dem dargebotenen Reiz beschäftigt. Emotionale Botschaften werden vom Konsumenten besser wahrgenommen und verarbeitet als rein rationale Reize.

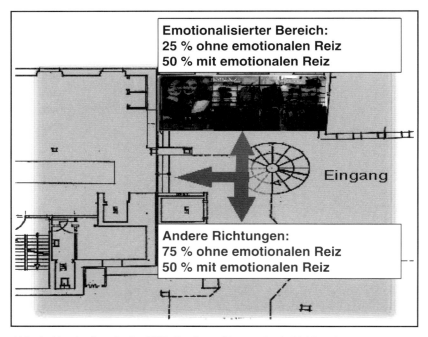

Abb. 1. Kundenfluss in der DOB-Abteilung (Damenoberbekleidung)

Für die Praxis am Point of Sale bedeuten diese Erkenntnisse, dass emotionale Reize das Einkaufsverhalten von Konsumenten in hohem Maße beeinflussen können. Die Vermutung liegt nahe, dass sich der Kunde lieber einer Warenpräsentation zuwendet, in der er eine für ihn positive emotionale Botschaft wie z.B. Liebe, Freude, Macht usw. findet, als einer rein rationalen Produktpräsentation.

Wäre dies der Fall, so wird es für den Einzelhandel in Zukunft möglich sein, den Kunden mittels richtig eingesetzten Emotionen im Laden an alle strategisch wichtigen Orte zu führen. Vorbei wären die Zeiten, in denen der Kunde mit einem gewissen Argwohn im Bauch, den vom Ladenbau vorgegebenen Laufweg befolgen muss. Um diese Vermutung und die Relevanz der neurologischen Erkenntnisse auf die Einzelhandelspraxis zu untersuchen, wurden einige praxisorientierte Studien durchgeführt.

Ziel dieser POS-Studien war, die konkreten Einflüsse von emotionaler Kommunikation am POS auf das Kundenverhalten zu untersuchen.

Folgende Hypothesen wurden gestellt:

- Durch die Anbringung eines emotionalen Bildes am POS, werden die Kunden gezielt in eine bestimmte Abteilung geführt.

- Je mehr Kunden durch die Kundenführung in die Abteilung geführt werden, desto höher ist die Kontaktrate mit dem Sortiment.

- Je höher die Kontaktrate mit dem Sortiment, desto höher wird auch der Umsatz in der Abteilung.

Kapitel III – Praxisorientierte Studien

Untersuchungslayout

Die empirischen Untersuchungen zur Erfassung der Auswirkung emotionaler Warenpräsentation wurden in einem Modehaus in der Schweiz durchgeführt. Die Warenpräsentation erstreckt sich in diesem Haus über vier Stockwerke. Als Untersuchungsort haben wir einen

Abb. 2. Beispiel eines Motivbildes am POS, Quelle: Abercrombie & Fitch, USA

Bereich in der Damenoberbekleidung ausgewählt. In dieser Abteilung befinden sich mehrere Marken-Corner. Das konkrete Ziel der Untersuchung war nun, den Corner der Marke Mexx Women, mit einem großen emotionalen Bild aufzuwerten und das Kundenverhalten in der Abteilung zu beobachten.

Auswahl des richtigen Bildes

Damit die emotionalen Botschaften beim Kunden wirken, müssen diese seine Bedürfnisse anregen und seinen Motiven entsprechen.

Selbstverständlich haben unterschiedliche Menschen verschiedene Motivausprägungen. Die Grundvoraussetzung für die Wahl der richtigen Emotionen für das Bildmotiv ist also die Kenntnis über die motivationalen Bedürfnisse der Zielgruppe. Nur wer seine Kundschaft kennt, kann erfolgreiche emotionale Bildbotschaften senden. Die Zielgruppe der untersuchten Abteilung wurde mittels der Motivstrukturanalyse untersucht. Die Motivstrukturanalyse ist ein auf Neuromarketing basierendes Modell, welches Zielgruppen aufgrund von Motiven definiert (vgl. Traindl, Jenny, Motivstrukturanalyse, 2002). Entsprechend dieser Zielgruppenuntersuchung wurden die Bildmotive für den Test ausgesucht.

Platzierung des Bildes

Damit die gewünschte Wirkung erzielt werden kann (Fernwirkung bzw. Wahrnehmbarkeit der emotionalen Nachricht), bedarf das Bild einer gewissen Größe. Das Testbild hatte die Abmessungen von 125 cm x 187 cm. Kleine Bilder erzeugen eine zu geringe Wirkung. In dem Test wurde das Bildmotiv gut sichtbar, inmitten der Abteilung und umgeben von Produktpräsentation aufgehängt. In den nicht untersuchten Abteilungen wurden normale Warenpräsentationen angewandt, jedoch keine emotionalen Bildreize präsentiert.

Untersuchungsmethoden

Mittels Videoanalyse wurde untersucht, wie sich die Kunden beim Eintritt in die Damenabteilung verhalten. In den ersten Sekunden nachdem ein Kunde ein Geschäft betritt, muss er sich entscheiden, in welche Richtung er sich bewegen wird. Diese Entscheidung läuft innerhalb von einigen Millisekunden ab und wird meistens unbewusst gefällt. In der beschriebenen Untersuchung stellt sich für ihn die Frage, sich ent-

Kapitel III – Praxisorientierte Studien

weder in Richtung der emotionalisierten Mexx-Abteilung zu bewegen oder sich für eine andere Richtung zu entscheiden (siehe Abbildung 1). Würde man sich nun auf die Aussagen von Neuromarketing stützen, müssten sich die Konsumenten vermehrt in Richtung der emotionalen Präsentation bewegen (vgl. Neuromagnetic-Studie 2002).

Damit ein Unterschied überhaupt gemessen werden konnte, musste eine Kontrollsituation erstellt werden. Das emotionale Warenbild wurde periodisch, jeweils für zwei Tage, entfernt und wieder angebracht. So war es möglich die Kundenentscheidungen sowohl mit als auch ohne emotionalem Bild zu messen. Die Warenpräsentation (Sortiment

Abb. 3. Präsentation von bewegten emotionalen Bildern am POS mit Hilfe des virtual shop system vrsh.02 von Umdasch.

und Visual Merchandising) blieb während der ganzen Untersuchungsphase gleich (= ceteris paribus).

Während der Testwochen wurde ebenfalls der Umsatz in der untersuchten Abteilung gemessen. Um den Einfluss bedingter Wochenschwankungen wie unterschiedlich frequentierte Wochentage, Wetter, Konsumentenstimmung etc. zu beheben, wurden die Messungen mit Tagesbesucherfrequenz und Hausumsatz indiziert.

Die Ergebnisse

Die Messungen bei über 1000 Kunden haben ergeben, dass sich bei emotional aufgeladenen Warenbildern doppelt so viele Kunden in die getestete Abteilung begeben als bei normaler Produktpräsentation. Somit hat sich die Frequenz um 100 % erhöht! Durch die Zunahme der Frequenz hat sich auch die Kontaktrate der Kunden mit den dargebotenen Produkten erhöht. Der Umsatz in der Abteilung stieg während der Testperiode um 17 %.

Die Ergebnisse dieser Studie haben in hohem Maße bestätigt:

1. Mit der Hilfe von emotionalen auf die Zielgruppe abgestimmten Motivbildern kann das Kundenverhalten am POS (Blick- und Gehrichtung) in der strategisch gewünschten Weise deutlich beeinflusst werden.

2. Der Einsatz von Motivbildern führt zu einer Erhöhung der Kontaktrate mit den Produkten und somit auch zu mehr Umsatz.

Im Laufe der weiteren praxisrelevanten Untersuchungen wurde eine zweite Studie durchgeführt, die sich mit der Wirkung von bewegten Bildern am POS beschäftigt. Der Test wurde mit Hilfe des virtu-

Kapitel III – Praxisorientierte Studien

al shop system vrsh.02 von Umdasch ShopConcept durchgeführt. Bei diesem System handelt es sich um ein mit Rückprojektion ausgestattetes Warenträgerregal, auf das mittels eines Videobeamers bewegte Bilder projiziert werden können. Ziel dieser Studie war, den Einfluss von bewegten Bildern auf das Kundenverhalten am POS zu testen. Die Untersuchungsmethoden waren identisch mit der ersten Studie. Getestet wurden wiederum 1000 Personen. Die Ergebnisse dieser Studie waren noch besser als erwartet. Die Messungen ergaben eine Mehrfrequenz in der Mexx Abteilung von 116 % und einen Mehrumsatz von über 20 % im Warenbild. Aufgrund dieser Studien kann nun eine Hierarchie zur emotionalen Wirkung von visuellen Reizen erstellt werden:

1. Bewegte konkrete Bilder (Videopräsentation)

2. Statisch konkrete Bilder (Großformatfotos)

3. Abstrakte, bewegte und statische Grafiken hatten kaum einen Einfluss auf die Kontaktrate und den Umsatz gezeigt.

Diese Aufstellung entspricht auch der Hierarchie der Einprägsamkeiten von Bildern (vgl. Werner Kröber-Riel, Bildkommunikation, S. 76). Beide Studien haben klar aufgezeigt, dass die Präsentation von visuellen emotionalen Reizen einen maßgeblichen Einfluss auf die Kundenführung am Point of Sale hat. Vorausgesetzt die dargestellten Emotionen sind klar auf die Motive und Bedürfnisse der Zielgruppe abgestimmt (vgl. Motivlogik, Traindl, Jenny). Wer also einfach ein Bild aufhängt ohne sich über die Kunden Gedanken zu machen, läuft Gefahr, den Kunden negative Emotionen zu vermitteln und sie in die falsche Richtung zu führen.

LESS IS MORE
Die Erfolgsformel im Einzelhandel

I. LIM – Weniger ist mehr

LIM steht für LESS IS MORE und besagt, dass mit weniger Ware mehr Umsatz erzielt werden kann. Diese Aussage, die früher für den Einzelhandel undenkbar gewesen wäre, ist heute zur Strategie vieler erfolgreicher Einzelhandelskonzepte geworden. Der Grund für diesen Paradigmenwechsel in der Sortimentspolitik der Unternehmen ist die Übersättigung des Marktes. Das Angebot an Produkten übersteigt die Nachfrage. Die Kleiderschränke der Verbraucher sind übervoll und deshalb kaufen immer mehr Konsumenten nur das ein, was ihnen spontan gefällt. Auf den Einzelhändler übertragen bedeutet diese Feststellung, dass dieser nicht mehr im Wettbewerb der Produkte steht, sondern im Wettbewerb der Wahrnehmung. Rein durch die Produktvielfalt kann er sich gegenüber der Konkurrenz nicht mehr profilieren, denn die Produkte der verschiedenen Anbieter gleichen sich in Qualität und Preis immer mehr aneinander an. Die Strategie des erfolgreichen Einzelhändlers ist also nicht mehr, dem Kunden eine möglichst große Auswahl zu bieten, sondern ihm ein wahrnehmbares, auf seine Bedürfnisse zugeschnittenes Angebot zu unterbreiten. Erfolgreiche Konzepte wie etwa jene von Zara, H&M, Banana Republic beruhen auf einem exakt auf die Zielgruppe abgestimmten schlanken Sortiment. In der Wirkung zum Kunden hingegen erreichen sie mittels einer konsequenten Warenbildgestaltung nach den Regeln des Visual Merchandisings eine hohe Aufmerksamkeit. Die Warenbildgestaltung wird zur Hauptkommunikationsform, durch die der Verbraucher am POS angesprochen wird. Um erfolgreich im Laden zu kommunizieren, braucht es klare selektive Sortimentsbilder am POS. Der Blick auf die Ware sollte nicht durch eine Unmenge von Modellen verschleiert werden.

Aufgrund dieser Beobachtungen haben wir folgende Grundaussage zu LIM formuliert:

Ein auf die Zielgruppe abgestimmtes schlankes Sortiment (mit weniger verschiedenen Modellen) führt zu einem größeren wirtschaftlichen Erfolg.

II. Die LIM-Analogiekette

Gestützt wird diese Grundaussage durch folgende zwei Analogieketten:

Je weniger Modelle, desto höher die Warenbildqualität · Je höher die Warenbildqualität, desto höher die Kommunikationsleistung des Warenbildes · Je höher die Kommunikationsleistung des Warenbildes, desto geringer der erforderliche Personaleinsatz

Je höher die Warenbildqualität, desto größer ist der Kaufanreiz · Je größer der Kaufanreiz, desto höher ist die Kaufquote · Je höher die Kaufquote, desto höher die Lagerdrehzahl · Je höher die Drehzahl und der Stückartikelumsatz, desto geringer sind die Logistikkosten.

III. LIM-Strategie empirisch bestätigt (Beispiel Textileinzelhandel)

Die zur LIM-Strategie getroffenen Aussagen wurden erstmalig 1999 durch eine groß angelegte empirische Untersuchung bestätigt. Im

Zuge einer Feldstudie wurden 300 Konsumentenbefragungen durchgeführt. So wurden ein Herrenausstatter, ein filialisiertes DOB-Fachgeschäft (Damenoberbekleidung) sowie ein diskontierender Filialist herangezogen und den Befragten jeweils ein „konventionelles" Warenbild mit einem LIM-konformen Warenbild gegenübergestellt. In allen Fällen hat bei der entscheidenden Frage „Bei welchem Warenbild würden Sie eher kaufen?" das LIM-Warenbild entscheidend besser abgeschnitten (im Schnitt im Verhältnis 80 % zu 20 %).

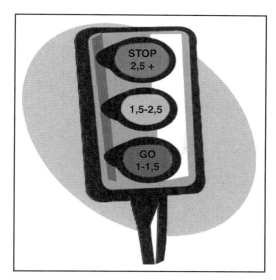

Abb. 1. LIM-Ampel

Als Formel für eine erfolgreiche LIM-Strategie (siehe LIM-Ampel) können im Textileinzelhandel 1 bis 1,5 unterschiedliche Modelle pro m² Verkaufsfläche genannt werden. 1,5–2,5 Modelle sind gerade noch tolerierbar, wobei bei einer Modellanzahl von über 2,5 Modellen eine brillante Warenbildqualität am POS nicht mehr darstellbar ist.

IV. LIM und die strategischen Rahmenbedingungen

Die in Abbildung 1 (LIM-Ampel) genannten Benchmarks gelten natürlich nicht für jeden Einzelfall. Das Grundprinzip („Weniger ist mehr.") hat jedoch für die meisten Einzelhandelskonzepte Gültigkeit. Je systematischer das Konzept, desto griffiger wird LIM. Der Zugang zu LIM kann durchaus unterschiedlich sein. Wie genau LIM im konkreten Fall eingesetzt wird, hängt von der jeweiligen Unternehmensstrategie ab.

Für die Implementierung der LIM-Strategie müssen folgende Faktoren aus der Strategie bekannt sein:

- **Die Zielgruppe:**
  Definition der gewünschten Zielgruppe auf Basis der soziodemographischen Kriterien (Geschlecht, Alter, Herkunft, ...), sowie auch der motivationalen Kriterien (Welche Bedürfnisse unserer Kunden wollen wir befriedigen?), die als Grundlage für selektives Sehen dienen.

- **Der Betriebstyp:**
  Das Unternehmen muss sich darüber im Klaren sein, welchen Betriebstyp es anstrebt (Discounter, Fachmarkt, Fachgeschäft, ...). Unterschiedliche Betriebstypen verfolgen tendenziell unterschiedliche LIM-Ansätze.

- **Die Sortimentsstrategie:**
  Zu definieren sind die Sortimentsstruktur bzw. die Sortimentsgestaltungsansätze (Produkt- und Themenpräsentation) und das Sortimentsmengenkonzept.

Mit Hilfe dieser Kriterien können die LIM-Strategie definiert und die Benchmarks festgelegt werden.

Für jede Warengruppe wird definiert, wie viele Modelle präsentiert werden. Bei der Bestimmung der Kennzahlen wird nicht aus Sicht des Einzelhändlers bewertet, sondern aus der Sicht des Kunden. Es geht darum, abzuklären, wie groß die Auswahl sein muss, um für den Kunden (für die definierte Zielgruppe) kompetent zu wirken und gleichzeitig das Angebot übersichtlich präsentieren zu können.

Ist die Anzahl der verschieden Modelle festgelegt, gilt es, die Stückzahlen (Stück/m²) für die Fläche zu definieren.

Auf Basis der LIM-Strategie werden die Visual Merchandising Richtlinien definiert. Diese gewährleisten, dass das Angebot für die Zielgruppe übersichtlich, attraktiv und emotional präsentiert wird.

Die LIM-Strategie wurde bereits in verschiedenen Branchen und Betriebstypen erfolgreich implementiert. Dazu gehören die Branchen: Textil (Bekleidung und Heimtex), Schuhe, Elektronik, Haushaltsgeräte, Einrichtung, Werkzeuge, Papier, Buch und Geschenkartikel. Aufgrund der guten praktischen Erfahrungen erscheint uns der LIM-Ansatz für jede Branche anwendbar. Das Wahrnehmungsverhalten des Kunden ist stets dasselbe, ungeachtet in welcher Sortimentslandschaft er sich befindet.

V. Ein Praxistest der LIM-Strategie bei NKD

Vom deutschen Textildiskonter NKD wurde LESS IS MORE über einen Zeitraum von 8 Wochen, in großem Stil, in der Praxis getestet. Das Ergebnis übertraf alle Erwartungen.

Als Obergrenze für die erfolgsversprechende Anwendung der LIM-Strategie wurden für diesen Betriebstyp mit maximal 2,5 Modelle pro m² Verkaufsfläche bzw. 4–8 Modelle pro Laufmeter Wandregal festgelegt (ein Modell gilt als schnitt- und farbgleicher Artikel, eine andere Farbe z.B. zählt als zusätzliches Modell). Eine weitere Voraussetzung war die Berücksichtigung der Spielregeln für ein professionelles Visual Merchandising.

Mit 750 Filialen zählt der Discounter NKD (Zentrale in Bindlach bei Bayreuth) zu den ganz großen im deutschen Textileinzelhandel. Darüber hinaus wird Österreich mit über 250 Filialen flächendeckend versorgt. Im Zuge eines Projektgespräches wurde die NKD-Geschäftsführung über die LIM-Strategie informiert und wir erhielten die Gelegenheit zu einem Erstversuch in einer NKD-Filiale in Österreich. In dieser Filiale haben Mitarbeiter aus dem Consult-Team diesen Test dann über mehrere Wochen auf einer definierten Fläche und für ein definiertes Sortiment (DOB) durchgeführt. Täglich wurde sichergestellt, dass die Präsentation und Warenbildgestaltung den LIM-Vorgaben (reduzierte Modellanzahl) entsprach. Der Test endete mit einem zweistelligen Umsatzplus. Unter dem Motto „Die Botschaft hör ich wohl, allein mir fehlt der Glaube!" stand die NKD-Geschäftsführung den Ergebnissen anfangs noch skeptisch aber höchst interessiert gegenüber. Allfällige Bedenken bezogen sich vor allem darauf, ob sich LIM auch für diskontierende Betriebstypen generell eignen würde.

Vor dem Hintergrund der gewitterten Chancen gab NKD schließlich das Freizeichen für einen umfassenden Praxistest, der in dieser Art und Größenordnung zum Thema Warenpräsentation wohl einmalig war. Für die Aktion wurden 9 „typische" NKD-Filialen ausgewählt, in denen während des Testzeitraums ein definiertes Sortiment auf einer definierten Fläche (Regallaufmeter) nach LIM-Kriterien präsentiert werden sollte. Jeder Testfiliale wurden zwei nach Standort und Größe idente Vergleichsfilialen zugeordnet, in denen im fixierten Zeitraum konventionell präsentiert wurde. Damit konnten die Ergebnisse der Testfilialen nicht nur mit dem Vorjahreszeitraum verglichen werden, sondern darüber hinaus mit „identen" Filialen im selben Zeitraum. Weitere Testgrundlagen waren:

- Schulung und Vorbereitung des NKD-Visual Merchandising-Teams.

- Gleiche Betreuung und Warenbeschickung aller Projektfilialen (Test- und Vergleichsfilialen) während des Projektzeitraumes.

Kapitel III – Praxisorientierte Studien

Abb. 2. LIM-Test in den NKD-Filialien

- Getestet wird LIM nur an Hand der DOB-Präsentation und nur an den Wandregalen (konventionelle Präsentation im Mittelraum).

- Präsentation von max. 8 Modellen per Meter Wandregal (konventionell wird bis mehr als das Doppelte präsentiert).

- Differenzierte Kennzeichnung der an der Wand präsentierten Ware als Voraussetzung zur Erfassung der Verkäufe an der Wand.

- Testzeitraum 8 Wochen.

Dank der engagierten Mitwirkung eines gut motivierten Teams wurden diese vereinbarten Testbedingungen bis zum Schluss konsequent durchgehalten. Gemessen wurde nach verschiedenen Kriterien, wie dem Gesamtumsatz, DOB-Umsatz, DOB-Wandumsatz, Anzahl der präsentierten Modelle und Teile usw. Die LIM-Grundaussage - größerer wirtschaftlicher Erfolg durch die Präsentation weniger verschiedener Modelle - hat sich in allen gemessenen Kategorien eindrucksvoll bestätigt (Umsatzplus durchschnittlich in allen Testfilialen ca. 17%). Darüber hinaus wurde bei NKD praktisch an allen Fronten die Sensibilität dafür geweckt, welch beträchtliches Erfolgspotential hinter der Optimierung der Warenpräsentation steckt. Zu den möglichen

Umsatzzuwächsen kommen noch positive Effekte aus der zwangsläufig notwendigen Veränderung der Sortiments- und Beschaffungspolitik (Reduktion der Komplexität und der Warenlogistik).

Aufgrund unserer intensiven Auseinandersetzung mit der LIM-Philosophie hat sich klar gezeigt, dass Kunden Sortimentskompetenz mit anderen Augen beurteilen als der Händler selbst. Nicht die unter Fachleuten darstellbare größtmögliche Auswahl definiert die Attraktivität der Sortimentsleistung, sondern die Qualität der Wahrnehmbarkeit am POS. Kunden suchen in einer Welt der Übersättigung und der Informationsflut immer mehr jene Läden, die ihnen die Entscheidung abnehmen und nicht erschweren.

KAPITEL IV
SECHS STORE BRANDING - IDEEN FÜR DEN PRAKTIKER UNTER DER BESONDEREN BERÜCKSICHTIGUNG VON NEUROMARKETING

Das Schuhfachgeschäft

Der Convenience Store

Das Sport-Eventhaus

Der Drogerie-Fachdiskont

Der Textil-Harddiskonter

Der Elektro-Fachmarkt

Sechs zukunftsweisende store branding-Ideen für den Praktiker unter der besonderen Berücksichtigung von Neuromarketing

Anlässlich der Euroshop 2005 (weltgrößte Investitionsgütermesse für den Einzelhandel im Bereich Ladenbau, Design, Visual Merchandising, POS Technologien und vieles mehr) in Düsseldorf haben wir sechs store branding-Konzepte entwickelt, die als reale Fallbeispiele am Stand der Umdasch Shopfitting Group gezeigt wurden. Hier konnte sich der Besucher in sehr anschaulicher Weise mit dem speziellen Hintergrund-Know-how innovativer POS-Inszenierungen vertraut machen. Aufgrund des nach wie vor hohen Aktualitätsbezuges erscheint es als zweckmäßig und hilfreich, sie auch in diesem Buch als konkrete Inspiration für gelebtes Neuromarketing zu publizieren. Alle sechs store branding-Ideen sind im Sinne der Selbstähnlichkeit der Darstellung nach der stets gleichen Struktur aufgebaut und erlauben so dem Leser, Quervergleiche innerhalb der unterschiedlichen Konsumwelten anzustellen. So ordnen sich alle thematisch der Polarisierung des Marktes unter und sind als hilfreiche Gedankenanregung für den Retailer gedacht, sich trotz der dynamischen Veränderungsprozesse klar und wahrnehmungsstark im Einzelhandelsumfeld zu positionieren. Dem jeweiligen Storbrandingkonzept geht stets eine spezielle Markt- und Kundenanalyse voraus, die als Quelle für neue und trendgerechte POS-Ideen dient. Ein daraus abgeleiteter Konzeptansatz (genetischer Code der Idee) bildet die Grundlage für eine stimmige Inszenierung. Zur besseren Veranschaulichung werden auch die typischen Innovationen und Highlights zu jedem Thema kurz skizziert und wo notwendig auch illustriert. Natürlich haben wir uns besonders bemüht, neben unserem klassischen store branding Know-how, vor allem Gesichtspunkte des Neuromarketings zu integrieren. Der besonderen praktischen Bedeutung wegen möchte ich nicht unerwähnt lassen, dass alle sechs Themen im Zuge von realen Fallstudien im Handel punktuell getestet wurden. Über alle POS-Beispiele hinweg, ließ sich zusammenfassend die hohe Produktivität dieser Ansätze empirisch eindeutig nachweisen. Emotionale Kompetenz als Schlüsselfaktor für die Märkte von morgen – mit Neuronen zu Millionen.

Das Schuhfachgeschäft:
„Qualität muss man mit allen Sinnen spüren."

1. Die Ausgangslage

Der Markt:
Die Sättigung im Markt führt zu einem rigiden Verdrängungswettbewerb. Sieger bleibt nur, wer wahrgenommen wird. Durchschnittsleistungen gehen unter. Die „Fachkompetenz" des Fachgeschäfts zieht nicht mehr. Es wird vielerorts in der Imagelade: „Nicht besser, aber teurer." abgelegt. Das kostet nachhaltig Marktanteile. Ein tolles Preis-/Leistungsverhältnis ist nun die Domäne des Fachmarkts bzw. der Vertikalen und das Markenerlebnis im Besonderen ist heutzutage das Hoheitsgebiet der Monolabelstores. „Höhere" Preise werden noch dann bezahlt, wenn ein Geschäft einen einzigartigen, überzeugenden Mehrwert bietet. Für das Fachgeschäft gilt: Der Bessere ist der Feind des Guten.

Der Konsument:
Qualität ist bei den Kunden nicht out. Qualität kann immer noch faszinieren. Wird sie jedoch nicht als solche erlebt, deckt sie der Diskont zu. Die Basis für die Inszenierung von Qualität ist deren

genetischer Code. Entsprechend diesem Bauplan, bzw. dieser Idee erkennen wir die Qualität an ihrem Design, an ihrem Geruch, Ton, Geschmack und – Qualität können wir begreifen. Ist Qualität authentisch und erzeugt sie damit zielgruppenspezifisch Lust, rechtfertigt die „Vernunft" jeden Preis. So unterscheiden auch die Kunden beim Schuhkauf im Sinne von entweder – oder. Das Spiel ist eröffnet: FC „Maßschuh" gegen FC „Deichmann".

Die Idee:

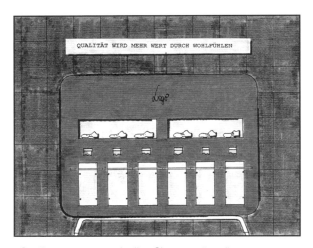

„Qualität muss man mit allen Sinnen spüren."

Kapitel IV – Sechs store branding -Ideen für den Praktiker

2. Der Inhalt

Der Konzeptansatz:

Die Aufgabe des Fachgeschäfts der Zukunft ist nicht nur der bloße Handel von Spitzenprodukten, sondern deren Inszenierung auf allen Ebenen der Wahrnehmung. Qualität wird erst dann zum Erlebnis, wenn sie Sehnsucht weckt.

Die Innovationen und Highlights:

Der dekorative Einsatz von Schuhhandwerksutensilien am POS löst neuronale Gedächtnisspuren aus und führt den Kunden zum richtigen Thema (Aktivierung des mentalen brain scripts).

Kapitel IV – Sechs store branding -Ideen für den Praktiker

Luxus heißt nicht nur Platz für den Kunden, sondern auch für das Produkt. Die Alleinstellung des Produkts definiert auch die Qualitätsanmutung. LIM (Less-is-more–Philosophie) als Grundlage für wahrnehmungsstarke Warenbilder und weil Topqualität immer eine eigene Bühne braucht.

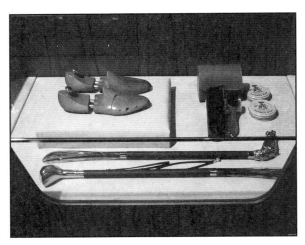

Die Inszenierung der Accessoires eines Prämium-Produktes sind nicht nur „Deckungsbeitrag-Bringer", sondern ein wichtiger Teil („Requisite") der store branding-Geschichte.

Die Aktivierung aller Sinnesreize wie z.B. durch Berühren von Ledermustern (haptischer und olfaktorischer Effekt zugleich) die an der Regalwand angebracht sind, verstärkt unbewusst das subjektive Gefühl von einem hochwertigen Ledermaßschuh.

Der Convenience Store:
„Auch wer Convenience sucht hat Lust auf Frische."

1. Die Ausgangslage

Der Markt:
Fast unbemerkt, aber nicht minder rasant, haben sich vielfältige Formen von Convenience Stores (Tankstellenshops, Tante Emma-Laden, Bahnhof-Kiosk, ...) am Markt etabliert. Wachstumstendenz: stark steigend. Ein straffes Sortiment für den täglichen Bedarf wird an hochfrequentierten Standorten angeboten. Sie sind eine Gegenbewegung zu den Megamärkten auf der grünen Wiese und erfüllen

damit einen für das heutige Einzelhandelsumfeld verloren gegangenen Marketingtrend: „Die Nähe zum Kunden."

Der Konsument:
Der Convenience Store ist der „Greißler um's Eck" im neuen Kleid. Er befriedigt die Einkaufswünsche des täglichen Bedarfs in kundengerechter Weise. Er ist leicht erreichbar, er beschränkt sich auf das Wesentliche und er ist scheinbar immer für einen da. Er managt nicht den Engpass Geld, sondern optimiert den Faktor Zeit. Deutlich höhere Preise und kleinste Auswahl im Vergleich zu seinen klassischen Mitbewerbern (Supermarkt, Diskonter, ...) werden von immer mehr Menschen mit einem kleinen Augenzwinkern akzeptiert. Der einzigartige Mehrwert dieses Betriebstyps bringt den lauten Ruf nach Diskontpreisen zum Verstummen. Zum Convenience-Trend gesellt sich nun vermehrt das Bedürfnis nach Wellness im Sortiment. Die Chance für die innovative Weiterentwicklung einer Erfolgsstory.

Die Idee:

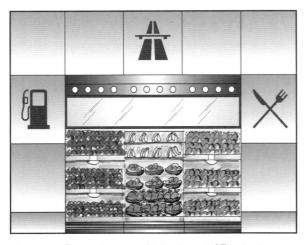

„Auch wer Convenience sucht, hat Lust auf Frische."

2. Der Inhalt

Der Konzeptansatz:

Das große Zugeständnis an den Convenience Store ist zumeist der Verzicht auf Frische. Eine technische Meisterleistung im Ladenbau nimmt nun die Hürde der Logistik und verbindet knappe Zeitbudgets mit dem Genuss gesunder Vitamine.

Die Innovationen und Highlights:

„Test and Touch-Principle" (Verkostungsmöglichkeit) am Regal als Appetizer für Gaumen und Nase.

Kapitel IV – Sechs store branding -Ideen für den Praktiker

Informationskonzepte am POS dienen zur kognitiven Verstärkung der Kaufabsicht.

Less-is-more-Philosophie (straffes, auf die Zielgruppe ausgerichtetes Sortiment) als Voraussetzung für wahrnehmungsstarke, konsumige Warenbilder.

„Smiley-Effekt" in Obstsymbolen konfiguriert (Preisinformationsgestaltung) verbessert die Preiswahrnehmung und dient als Corporate-Design-Element.

Das Sport-Eventhaus:
„Nütze den Trend für einzigartige Warenbildgeschichten."

1. Die Ausgangslage

Der Markt:
Die Sportbranche ist ein substratreicher Nährboden für innovative Betriebstypenvielfalt. Vor allem die Großfläche ist in diesem Wettlauf in der Spitzengruppe. Es ist ein schnelles Rennen. Der Fachmarkt, d.h. Auswahl- und Preiskompetenz gegen das Eventhaus, d.h. die Inszenierung authentischer Sportwelten, sind bestimmende Pole in der Abgrenzung des Marktes. Sie definieren Tempo und Trend.

Der Konsument:
Sport ist in unserer Freizeitgesellschaft mehr als nur ein Trend. Er ist Ausdruck des Lebensstils, er ist Quelle für Gesundheit und Fitness, er ist Kulturgut, er ist eine ganze Industrie und in den Medien eine Ikone. Der Zugang der Menschen zum Sport könnte unterschiedlicher nicht sein. Kaum wo ist die Motivlogik des Konsumverhaltens so heterogen wie in diesem Bereich. Eine neue Gruppe sticht heraus. Es sind nicht mehr die Jungen. Nicht Schnelligkeit bestimmt ihr Tun, sondern Sie suchen einen sanften Einstieg in die Bewegung. Zwei Stöcke helfen Ihnen, Freude und Gesundheit im Sport zu entdecken. Das Golden-Age-Marketing beginnt zu marschieren.

Kapitel IV – Sechs store branding -Ideen für den Praktiker

Die Idee:

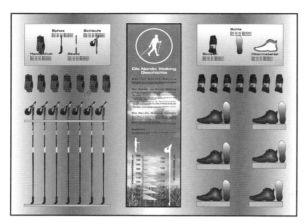

„Nütze den Trend für einzigartige Warenbildgeschichten."

2. Der Inhalt

Der Konzeptansatz:

Das Eventhaus ist mehr als ein Verkaufsraum. Es baut den Trends die Bühne, das Service berührt die Menschen und das Geschäft ist Lebensqualität.

Die Innovationen und Highlights:

LIM (Less-is-more-Philosophie) als Grundlage für wahrnehmungsstarke Warenbilder.

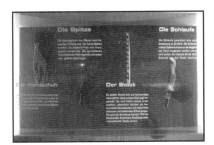 

Fotokonzept und Farblayout sind auf die Motivstruktur und auf das emotionale Bewertungssystem der Zielgruppe ausgerichtet und fördern somit die Lust sich aktiv mit dem Thema auseinander zu setzten (Naturbilder bzw. Grün- und Brauntöne in der Farbgebung).

Der Drogerie-Fachdiskont:
„Eine Sortimentsgeschichte, die unter die Haut geht."

1. Die Ausgangslage

Der Markt:
Der zunehmende Profilierungsdruck in der Diskontwelt zwingt den Fachdiskont neben der klaren Positionierung auch zur ständigen Verbesserung seiner Sortimentsleistung. Mit Hilfe von innovativen und trendgerechten Sortimentsthemen und Serviceangeboten erschließt sich der Fachdiskont ein nachhaltiges und strategisches Differenzierungsmerkmal gegenüber dem Harddiskont.

Der Konsument:
Der besondere Wert des Babys in unserer 1-Kind-Gesellschaft ist der mögliche Wegbereiter für einen boomartigen Wellnesstrend auch für den Nachwuchs. Angesichts explodierender Haut- bzw. Allergieerkrankungen spielen Ernährung und Behandlung einen ganz wesentlichen Beitrag für das Wohlbefinden des Kleinkindes. Die hohe Akzeptanz des „Bio-Baby"-Themas in der Konsumwelt wäre gerade für den Fachdiskont eine brillante Möglichkeit, gesellschaftliche Trends in innovative POS-Themen zu übersetzen.

Kapitel IV – Sechs store branding -Ideen für den Praktiker

Die Idee:

„Eine innovative Sortimentsgeschichte die unter die Haut geht."

2. Der Inhalt

Der Konzeptansatz:

Das Trendthema „Bio-Baby-Welt" wurde als schlüssige und nachfragegerechte Verbundpräsentation entwickelt, um die Zielgruppe emotional anzusprechen, ohne jedoch das Preisvertrauen in den Fachdiskont zu verletzen.

Die Innovationen und Highlights:

Fotokonzept (Babyschema) zur Frequenzsteigerung und Stimmungsaufhellung.

Verbundpräsentation (Bio-Baby-Welt) als nachfragegerechter und verkaufsfördernder Sortimentsgestaltungsansatz am POS.

„Baby-Smiley" zur Verbesserung der Produktpreiswahrnehmung (hirnphysiologischer Effekt) am POS.

Kapitel IV – Sechs store branding -Ideen für den Praktiker

Emotionale Textgestaltung auf dem Infoboard im Warenbild erhöht die Sensibilisierung für das Gesundheitsbewusstsein der Mütter. Flankiert wird der Text von einem Abbild von Babygesichtern (Effekt der „Emotionalen Allee" erhöht den emotionalen Wert der Aussage, vgl. Farbstudie 2006).

Das Thema „Bio-Baby-Welt" ist auch eine Servicechance. Babygerechter Wickeltisch, der Müttern die Gelegenheit gibt, die Kinder auch im Geschäft zu wickeln. Am Wickeltisch selbst stehen Bio-Pflege-Produkte zum Testen zur Verfügung (aktive Sales Promotion).

Der Textil-Harddiskonter:
„Das Warenbild beginnt zu Lächeln."

1. Die Ausgangslage

Der Markt:
Im Zuge der Polarisierung der Konsumwelten gewinnt der Harddiskonter immer mehr Marktanteile. Der Wettbewerb und in Folge der Profilierungsdruck in diesem Segment wächst zusehends. Der Preis alleine differenziert nicht mehr. Der Harddiskonter braucht ein Gesicht, um erkannt zu werden. Ein Lächeln ist geil und nicht der Geiz.

Der Konsument:
Der Homo oeconomicus ist nicht tot. Er wurde nie geboren. Der Mensch ist ein von Emotionen bestimmtes und geleitetes Wesen. Auch wer sparen möchte, hat das Recht auf Sympathie. Die Preiswahrnehmung ist niemals objektiv, sondern nur ein Gefühl und somit stets emotional eingefärbt. Unsere Stimmung macht den Preis und nicht der Rabatt.

Die Idee:

„Das Warenbild beginnt zu lächeln."

2. Der Inhalt

Der Konzeptansatz:

Der harten Sprache des Diskonts wurde ein Lächeln (Emotion) geschenkt, ohne an der Grundbotschaft der Preiskompetenz zu rütteln. „Keep it simple & emotional." ist kein Widerspruch.

Die Innovationen und Highlights:

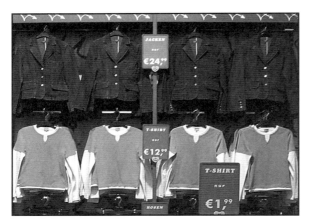

LIM (Less-is-more-Philosophie) als Basis für wahrnehmungsstarke Warenbilder und Optimierung der Logistikkosten.

MIL (Mass-in-Limits-Benchmark für den Warendruck am POS, d.h. wieviel Produkte werden auf einem m² Verkaufsfläche präsentiert. So gilt in der Modebranche ca. 3–5 Produkte/m² Verkaufsfläche als Luxus und im Gegensatz dazu ca. 30–35 Produkte/m² als Harddiskont). D.h. der Warendruck definiert in erster Linie die Preisanmutung des Betriebstyps und nicht das Design.

Kapitel IV – Sechs store branding -Ideen für den Praktiker

Smiley-Effekt, d.h. der Anblick eines lächelnden Gesichtes selbst in abstrakter Form, verändert aufgrund hirnphysiologischer Wirkungszusammenhänge die Preiswahrnehmung. Hervorragend geeignetes Grundmuster für das CD-Konzept und im Speziellen für „die Preisinszenierung."

Fotokonzept, d.h. zielgruppengerechte Fotokonzeption am POS als Frequenzmacher (bis zu 100 % mehr Frequenz) bzw. Kundenführungssystem und auch als emotionale Verstärkung (Verbesserung der stimmungskongruenten Wahrnehmung) eingesetzt.

Der Elektro-Fachmarkt:
„Verkaufe nicht das Produkt, sondern den Nutzen der Emotionen."

1. Die Ausgangslage

Der Markt:
Die Betriebstypendynamik im Bereich Fachmarkt kennt zwei unterschiedliche Entwicklungswege: preisorientierter Fachmarkt (z.B. Media Markt) versus serviceorientierter Fachmarkt (z.B. Saturn). Ein wesentlicher Aspekt der Serviceorientierung besteht aus Kundensicht vor allem auch in der besseren Präsentation der Angebote. Die Produkte in unmittelbarer Anwendung zu zeigen und somit den Produktnutzen am POS real zu erfahren trifft ins Schwarze der Kundenwünsche.

Der Konsument:
Die Digitalisierung bzw. der technologische Entwicklungsschub der Elektroprodukte hat zur Folge, dass die Produktkompetenz die Anwenderkompetenz immer mehr übersteigt. Auch die Fachsprache des Verkaufsberaters in der modernen Elektroszene kann diese „Lücke" kaum schließen. Gerade bei älteren Konsumenten trägt der „Fachdialog" am POS mehr zur Verwirrung bei als zur Klärung. Kunden suchen in einer Welt des informativen Overkills nach verständlichen und einfachen Botschaften. Nichts überzeugt mehr, als ein Produktvorteil, den man live erlebt.

Die Idee:

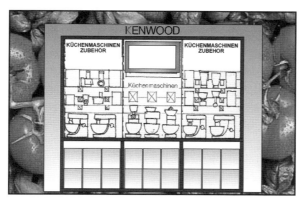

„Verkaufe nicht das Produkt, sondern den Nutzen."

2. Der Inhalt

Der Konzeptansatz:

Die optimale Lesbarkeit der Angebote in der SB-gerechten Konsumwelt der großen Fläche voller Sortiments- und Preispower ist bloßer Hygienefaktor. Kundenmotivator dagegen ist die erlebnisreiche Inszenierung des Produktnutzens (Sales-Promotion-Aktivität) einer Prämiummarke am POS, die damit dem Ort des Geschehens eine sehr sinnliche Note der Serviceorientierung verleiht.

Die Innovationen und Highlights:

Die Produktvorführung macht den Produktnutzen auf allen Sinnesebenen spürbar und trägt somit entscheidend zur Erhöhung des Erlebniswertes am POS bei.

Die Verbundpräsentation aus Kernprodukt und den dazugehörigen Accessoires kommuniziert die gesamte Problemlösungskompetenz und fördert somit den Verkauf des Zubehörs.

Kapitel IV – Sechs store branding -Ideen für den Praktiker

Die Idee der Bestseller-Präsentation am POS fördert den gezielten Abverkauf von Premiumprodukten (Nachahmer-Effekt).

MIL (Mass in Limits), d.h. Warendruck am POS als einer der wichtigsten Einflussfaktoren für das Preisgefühl kann auch bei einer Markenpräsentation innerhalb eines Fachmarktes eingesetzt werden, um dem Ziel des optimalen Preis-/Leistungsverhältnisses zu entsprechen.

Schlussbemerkung

Der kritische Konsument nach dem Muster des Homo oeconomicus wird als wirtschaftstheoretisches Modell von den Erkenntnissen des Neuromarketings zu Grabe getragen. Das Verhalten des Menschen in allen seinen unzähligen Lebensbereichen und so auch am POS ist in bestimmender Weise durch unbewusst ablaufende neuronale Prozesse beeinflusst. Es scheint nach heutigem Wissensstand als gesichert, dass auch das Prinzip der Wahrnehmung vom emotionalen Bewertungssystem mit Sitz im Limbischen System gesteuert wird. Das Spiel der Emotionen gehorcht in der Regel der individuellen Motivstruktur, die sich genetisch und soziokulturell im Menschen geformt hat. Somit ist all unser Tun vom emotionalen Zweck geprägt: Die Lust zu suchen und den Schmerz zu meiden. Dahinter verbirgt sich mehr als bloße Lebenshilfe. Dieses Prinzip ist die leitende Hand der Evolution, der sich auch der wirtschaftende, wissende Mensch im 21. Jahrhundert nicht entziehen kann. Vielmehr zeigt sich, dass gerade in der Phase von Übersättigung, sei es an Produkten, sei es an Informationen, die Entscheidung vermehrt gefühlsmäßig getroffen wird. Die reine Vernunft dominiert nicht diesen Prozess, sie erklärt uns nur, wenn überhaupt, warum wir etwas gewollt haben. Wer sich rechtzeitig in kompetitiven Märkten in die Poleposition der Kundenwahrnehmung bringen möchte, muss sich verstärkt um emotionale Botschaften und Inszenierungen bemühen. Die Konsequenzen des Neuromarketings für das store branding der Zukunft lassen sich in fünf einfache Thesen zusammenfassen:

1. Die Zielgruppe ist in ihrem emotionalen Wesen zu erfassen.

2. Nicht Produkte kommunizieren, sondern Sortimentsgeschichten die unter die Haut gehen am POS sichtbar machen.

3. Professionelle Fotokonzepte im Verkaufsraum sind Stimmungsmacher und Meister der Kundenführung.

4. Im Bereich der Gesamtinszenierung folgt alles einem genetischen Code , d.h. das Unbewusste meidet die Unstimmigkeit und erfreut sich an der Klarheit des Konzeptes.

5. Der Mitarbeiter im Einzelhandel ist nicht Kostenfaktor – richtig in Szene gebracht ist er an emotionaler Kraft über alles andere erhaben.

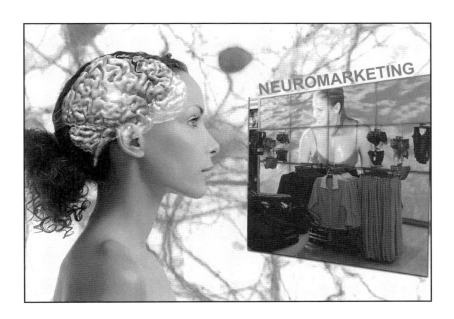

retail|branding

**Für weitere Informationen besuchen Sie unsere Homepage
www.retailbranding.at**

Literaturverzeichnis

Die Literatur zu diesem Buch ist vielfältig. Wir begnügen uns daher mit den wichtigsten Quellen, die unseren Überlegungen zu Neuromarketing als theoretische Grundlage dienten.

Andre, Christophe; Lelord, Francois (2002): Die Macht der Emotionen (aus dem Französischen: La Force des Emotions), Leipzig

Axel, Richard: Die Entschlüsselung des Riechens, in: Spektrum der Wissenschaft, Dezember 1995, 72-78

Damasio, Antonio R. (2001): Ich fühle, also bin ich (aus dem Englischen: The Feeling of What Happens), München

Kautzmann, Gabriele; Miketta, Gaby (2004): Das Wunder im Kopf, Hrsg. Gaby Miketta, München

Haken, Hermann; Haken-Krell Maria (1994): Erfolgsgeheimnisse der Wahrnehmung, Frankfurt am Main; Berlin

Ledoux, Joseph (2001): Das Netz der Gefühle (aus dem Englischen: The Emotional Brain. The Mysterious Underpinnings of Emotional Life), München.

Schmidt, Robert F.; Birbaumer, Niels (1996): Biologische Psychologie, Berlin; Heidelberg

Seidel, Wolfgang (2004): Emotionale Kompetenz, Heidelberg

Spitzer, Manfred (2000): Geist im Netz, Heidelberg; Berlin

Walla, Peter (2004): Neurobiologisches Wissen für wirtschaftsorientierte Gehirnforschung, Wien

Hrsg.: Rouby, Cathtrine; Schaal, Benoist; Dubois, Daniele; Gervais, Remi; Holley, André: Olfaction, Taste and Cognition, Cambridge University Press

Traindl, Arndt: LIM-Studie 1999, 2000, Amstetten
Traindl, Arndt; Jenny, Roland: MIL-Studie 2000, 2004, LIM-Studie 2001, Amstetten
Traindl, Arndt; Jenny, Roland: Neuromagnetic-Studie 2002, Amstetten
Traindl, Arndt; Jenny, Roland: Neuro-Olfactoric-Studie 2002, Amstetten
Traindl, Arndt; Jenny, Roland: Preisstudie 2003, Amstetten
Traindl, Arndt; Jenny, Roland: Smiley-Effekt 2003, Amstetten
Traindl, Arndt; Jenny Roland: Die Wirkung eines emotional aufgeladenen Bildes am Point of Sale auf das Kaufverhalten 2003, Amstetten
Traindl, Arndt: Sales Promotion-Studie 2004, Amstetten
Traindl, Arndt: Trend-Studie 2004, Amstetten
Traindl, Arndt; Haas, Herbert: Bio-Baby-Welt-Studie 2004, Amstetten
Traindl, Arndt; Schabel, Christoph: Farbstudie 2004, Amstetten

Mag. Arndt Traindl

Jahrgang: 1959 (geb. in Erbach, Germany)

Ausbildung: Handelsakademie, Studium der Wirtschaftspädagogik an der Johannes-Kepler-Universität

Beruflicher Werdegang: 1987 Eintritt in die Firma Umdasch Shop-Concept in Amstetten, Austria (Stationen: Schulung und Verkaufsförderung, Key Account Management France, Verkaufsleiter Austria, Prokurist - Gesamtvertriebsleiter Umdasch Shop-Concept). 2001-2006 Geschäftsführer von ShopConsult by Umdasch GmbH (Marketing bzw. Unternehmensstrategie-Beratung, Grundlagenarbeit im Bereich Markt- und Konsumforschung, store branding - die Visualisierung einer Marketingidee, Begründer Neuromarketing)

Derzeitige Tätigkeit:
CEO der retail branding AG